KB093878

날로
먹는
중국어
어휘편 下

날로 먹는 중국어

어휘편 下

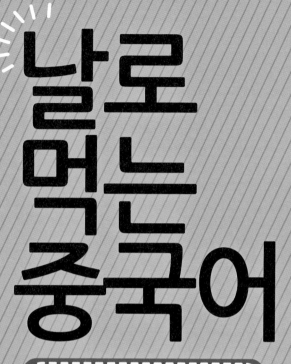

김미숙 · 전기쁨 지음

도서출판 문

HSK 5급 수준이 되어야 중국인과의 소통에 문제가 없다.

'중국인과 자유롭게 소통할 수 있으려면 HSK 몇 급 정도 되어야 하나요?'
학생들이 가장 많이 하는 질문이다. 회화는 기초부터 가능은 하지만 수준 있고 막힘없는 회화
는 HSK 5급 정도의 어휘를 자기의 것으로 만들었을 경우에 비로소 가능해진다. 이 책에서 다
루는 단어는 HSK 5급 수준의 우리말과 같은 중국어라서 시험을 준비하거나 회화할 때 필요한
충분한 어휘를 단기간 안에 습득하고 싶은 학습자에게 유용한 단어집이 될 것이다.

소리로 접근한 연상법이 단시간 내에 많은 어휘를 흡수할 수 있게 한다.

한국어에서 한자어의 비율은 대략 60% 이상이며 우리는 이미 생활 속에서 자연스럽게 한자어에
익숙해져 있기 때문에 쓰지는 못하더라도 구어로서는 어려움이 없는 것이 사실이다. 중국인이
많이 쓰는 말 중 우리말과 똑같은 단어를 집중학습하면 보다 빠른 시간 안에 대량의 어휘를 흡수
할 수 있게 된다. 이 역시 어휘를 날로(쉽게/매일 매일) 먹어 보자는 롱차이나 중국어의 교수법
중 하나이다. 중국인과 막상 회화를 하게 되면 엄청난 어휘량의 필요성을 절실히 느끼게 된다.
또 모국어가 한국어다 보니 머릿속에서는 늘 한국어가 먼저 떠오르고 그 단어에 적합한 중국어
를 찾아내지 못하게 된다. 이 때 재빨리 중국어와 완전히 똑같은 우리말의 한자어를 떠올리고
그 한자어에 응하는 발음을 조합한다면 세련되고 고급스런 회화를 할 수 있을 것이다.

한자를 알아야만 고급 중국어를 구사할 수 있다.

기초에서 접하는 어휘는 오히려 우리말의 한자어와는 다른 어휘가 대부분이지만 단계가 높아 질수록 우리말의 한자어와 같은 어휘가 많아진다. 즉 우리말과 같은 중국어를 충분히 습득하고 있다면 고급스런 중국어 회화구사에 많은 도움이 될 것이다.

물론 우리말과 다른 어휘도 상당히 많다. 하지만 우리말과 같아서 친숙한 어휘를 먼저 익히면 서 그 과정에서 한자를 이해하게 된다면 우리말의 한자어와 다르게 조합이 된 어휘라 하더라도 결국은 한자 하나 하나의 개별적인 의미를 이해하고 있기 때문에 사전 없이 해석할 수 있는 능 력까지도 가지게 되는 것이다.

도저히 빠져 나올 수 없는 늪 강의 – 동영상 강의가 있다.

www.long-china.co.kr(롱차이나 중국어)에서 롱차이나만의 신개념 강의 노하우와 첨단 사이버 학습관을 구축하여 가장 최적화된 온라인 강의를 제공하고 있다.

혼자서 공부하는 것보다 강의를 같이 병행하면 교재에서 다룰 수 없는 부분의 한자를 소리와 그 림으로 풀어내기 때문에 좀 더 재미있고 빠른 이해를 도울 수 있다.

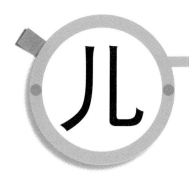

儿

ér 아이 아

아동 **儿童**(兒童) értóng

〔명사〕 아동. 어린이.

现在很多电视节目不适合儿童看。

현재 많은 텔레비전 프로그램은
어린이들이 보기에 적합하지 않다.

电视 diànshì 〔명사〕 텔레비전. TV.
节目 jiémù 〔명사〕 프로그램(program). 프로.
适合 shìhé 〔동사〕 적합하다. 부합하다. 알맞다. 적절하다. 어울리다.

è 나쁠 악

악화 恶化(惡化) èhuà

[동사] 악화되다. 악화시키다.

她的病情又恶化了。
그녀의 병세가 또 악화되었다.

악성 恶性(惡性) èxìng

[형용사] 악성의. 악질적인.

恶性贫血有什么症状?
악성빈혈은 어떤 증상이 있나요?

악의 恶意(惡意) èyì

[명사] 악의

他对你并没有恶意。
그는 너에게 결코 악의는 없었다.

악몽 恶梦(惡夢) èmèng

[명사] 악몽. 흉몽. 무서운 꿈.

这几天总是做恶梦。
요 며칠 계속 악몽을 꾼다.

病情 bìngqíng 〔명사〕 병세.
贫血 pínxuè 〔명사〕 빈혈.
症状 zhèngzhuàng 〔명사〕 증상.
总是 zǒngshì 〔부사〕 늘. 줄곧. 언제나.

握

wò 쥘 **악**

악수 **握手** wòshǒu

〔동사〕 악수하다. 손을 잡다. 〔명사〕 악수.

他和我们热情地握手。

그는 우리들과 열정적으로 악수를 했다.

热情 rèqíng 〔형용사〕열정적이다. 친절하다. 다정하다.

安

ān 편안할 **안**

안심 **安心** ānxīn

〔형용사〕 안심하다. 마음을 놓다.

听到这个消息，他安心了。

이 소식을 듣고 나서 그는 안심했다.

안전 **安全** ānquán

〔형용사〕 안전하다.

开车的时候要注意安全。

운전할 때에는 안전에 주의해야 한다.

注意 zhùyì 〔동사〕 주의하다. 조심하다.

àn 어두울 암

암시 暗示 ànshì

（동사）암시하다.　（명사）암시.

他有什么暗示吗?
그는 무슨 암시가 있었습니까?

암살 暗杀(暗殺) ànshā

（동사）암살하다.

这个国家的总统被暗杀了。
이 나라의 대통령은 암살당했다.

总统 zǒngtǒng〔명사〕총통. 대통령.

yā 누를 **압**

압력 压力(壓力) yālì

〔명사〕 압력.

现在的经济压力特别大。
현재의 경제 압력은 매우 심하다.

압박 压迫(壓迫) yāpò

〔동사〕 압박하다. 억압하다.

他们集体反抗老板的压迫。
그들은 집단으로 사장의 억압에 저항했다.

압축 压缩(壓縮) yāsuō

〔동사〕 압축하다. 줄이다. 축소하다.

把这个文件压缩保存起来。
이 파일을 압축해서 저장한다.

经济 jīngjì 〔명사〕 경제.
特别 tèbié 〔부사〕 매우. 특별히. 아주.
集体 jítǐ 〔명사〕 집단. 단체.
反抗 fǎnkàng 〔동사〕 반항하다. 저항하다. 반대하다.
老板 lǎobǎn 〔명사〕 상점 주인. 사장.
文件 wénjiàn 〔명사〕 파일 문건. 문서.
保存 bǎocún 〔동사〕 보존하다. 간수하다. 간직하다.

野

yě 들 야

야심 野心 yěxīn

명사 야심.

大家都明白他的野心。
모두들 그의 야심을 알고 있다.

야생 野生 yěshēng

형용사 야생의.

现在的野生动物越来越少了。
현재 야생동물은 점점 더 줄어들고 있다.

야만 野蛮(野蠻) yěmán

형용사 야만적이다. 미개하다.

他的态度太野蛮了，让人受不了。
그의 태도는 너무 야만적이어서 참을 수 없다.

越来越 yuèláiyuè 〔부사〕 점점 더.

态度 tàidu 〔명사〕 태도.

受不了 shòubuliǎo 〔동사〕 견딜 수 없다. 참을 수 없다.

弱

ruò 약할 약

약자 弱者(弱者) ruòzhě

명사 약자. 나약한 사람.

大家都同情弱者。
모두들 약자를 동정한다.

약소 弱小 ruòxiǎo

형용사 약소하다.

她的身体很弱小。
그녀의 신체는 매우 약소하다.

약점 弱点(弱點) ruòdiǎn

명사 약점. 단점.

每个人都有自己的弱点。
사람마다 모두 자기의 약점이 있다.

同情 tóngqíng 〔동사〕 동정하다.

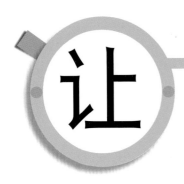

ràng 사양할 양

양보 让步(讓步) ràngbù

동사 양보하다.

你就不能让步吗?
네가 좀 양보할 수 없겠니?

yàng 모양 양

양식 样式(樣式) yàngshì

명사 형식. 양식. 모양. 형. 스타일(style).

我不喜欢这件衣服的样式。
나는 이 옷의 스타일이 맘에 안 든다.

yǎng 기를 양

양육 养育(養育) yǎngyù

동사 기르다. 양육하다. 기르고 교육시키다.

妈妈养育我们很不容易。

엄마가 우리를 키우시는 것은 매우 쉽지 않다.

양로 养老(養老) yǎnglǎo

동사 양로하다. 노인을 모시다.

我们一定要解决老人的养老问题。

우리는 노인의 양로문제를 반드시 해결해야 한다.

解决 jiějué 〔동사〕 해결하다. 풀다

老人 lǎorén 〔명사〕 노인.

liáng 어질 **량(양)**

양심 良心 liángxīn

명사 선량한 마음. 양심.

大家要凭良心做事。
모두들 양심에 따라 일을 해야 한다.

양호 良好 liánghǎo

형용사 좋다. 양호하다.

她从小就接受了良好的教育。
그녀는 어려서부터 좋은 교육을 받았다.

양약 良药(良藥) liángyào

명사 양약. 좋은 약. 좋은 처방. 좋은 해결책.

俗话说时间就是良药。
속담에 이르기를 시간이 약이라고 했다.

凭 píng 〔개사〕…에 의거하여 …에 따라
做事 zuòshì 〔동사〕일을 하다.
从小 cóngxiǎo 〔부사〕어린 시절부터. 어릴 때부터.
接受 jiēshòu 〔동사〕받아들이다. 받다. 수락하다.
俗话 súhuà 〔명사〕속담. 옛말.

liáng 양식 **량**

양식 粮食(糧食) liángshi

명사 양식. 식량.

粮食对我们很重要。
양식은 우리에게 매우 중요하다.

yán 말씀 **언**

언론 言论(言論) yánlùn

명사 언론. 의견.

现在是一个言论自由的时代。
지금은 언론 자유의 시대이다.

自由 ziyou〔형용사〕지유롭다.〔명사〕자유,
时代 shídài〔명사〕(역사상의) 시대. 시기. (사람의 일생 가운데 어느) 시기. 시절. 때.

yán 엄할 엄

엄격 严格(嚴格) yángé

형용사 엄격하다. 엄하다.

동사 엄격히 하다. 엄하게 하다.

老师对我们的要求很严格。
선생님은 우리에 대한 요구가 매우 엄격하다.

엄금 严禁(嚴禁) yánjìn

동사 엄금하다. 엄격하게 금지하다.

严禁带食品上飞机。
식품을 가지고 비행기를 타는 것은
엄격하게 금지되어 있다.

엄밀 严密(嚴密) yánmì

형용사 엄밀하다. 주도면밀하다.

　　　　세밀하다. 빈틈없다.

警察严密地监视着他们。
경찰은 엄밀하게 그들을 감시하고 있다.

엄숙 严肃(嚴肅) yánsù

형용사 (표정·기분 등이) 엄숙하다. 근엄하다.

他的表情突然严肃了起来。
그의 표정이 갑자기 엄숙해졌다.

要求 yāoqiú
　〔명사〕 요구. 〔동사〕 요구하다.

食品 shípǐn 〔명사〕 식품.

警察 jǐngchá 〔명사〕 경찰.

监视 jiānshì 〔동사〕 감시하다.

表情 biǎoqíng 〔명사〕 표정.

突然 tūrán 〔부사〕 갑자기. 돌연히

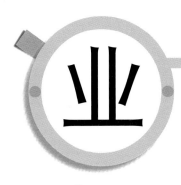

yè 직업 **업**

업무 业务(業務) yèwù

명사 업무.

由你来负责这项业务吧。
이 업무는 당신이 책임지고 하세요.

업계 业界(業界) yèjiè

명사 업계.

他是我们业界的代表。
그는 우리 업계의 대표이다.

负责 fùzé 〔동사〕 책임지다.
代表 dàibiǎo 〔명사〕 **대표**. 대표자. 〔동사〕 대표하다. 나타내다.

旅

lǚ 나그네 려

여관 旅馆(旅館) lǚguǎn

[명사] 여관.

这个旅馆很干净。

이 여관은 아주 깨끗하다.

여정 旅程 lǚchéng

[명사] 여정. 여로.

这次旅程很顺利。

이번 여정은 매우 순조로웠다.

여행 旅行 lǚxíng

[동사] 여행하다.

每次放假我都去旅行。

방학을 할 때 마다 나는 여행을 간다.

여행사 旅行社(旅行社) lǚxíngshè

[명사] 여행사.

这么多家旅行社，哪家好一点？

이렇게나 많은 여행사 중에 어디가 좀 좋을까?

여객 旅客 lǚkè

[명사] 여객. 여행객. 여행 손님.

他们正在检查旅客们的护照。

그들은 지금 여행객들의 여권을 체크하고 있다.

干净 gānjìng 〔형용사〕 깨끗하다.
顺利 shùnlì 〔형용사〕 순조롭다.
　　일이 잘 되어가다.
放假 fàngjià 〔동사〕 방학하다.
检查 jiǎnchá 〔동사〕 검사하다.
护照 hùzhào 〔명사〕 여권.

lì 지낼 **력**

역사 **历史**(歷史) lìshǐ

명사 역사.

我不了解中国的历史。
나는 중국의 역사를 잘 모른다.

역사 **历代**(歷代) lìdài

명사 역대.

这个问题是历代学者的难题。
이 문제는 역대 학자들의 난제였다.

了解 liǎojiě 〔동사〕 자세하게 알다. 이해하다.
难题 nántí 〔명사〕 풀기 어려운 문제. 난제.

lián 잇닿을 **련**

연접 连接(連接) liánjiē

동사 연접시키다. 연결하다. 잇다.

这两条路是连接着的。
이 두 길은 연결되어 있다.

연임 连任(連任) liánrèn

동사 연임하다. 중임하다.

连任不能超过两次。
연임은 두 번을 초과할 수 없다.

연속 连续(連續) liánxù

동사 연속하다. 계속하다.

最近连续下了几天雨。
최근 연속해서 며칠째 비가 내렸다.

超过 chāoguò [동사] 초과하다. 넘다.

lián 연합할 련

연합 联合(聯合) liánhé

명사 연합.

동사 연합하다. 결합하다. 단결하다.

형용사 연합한. 공동의. 여럿의.

两个公司的联合会减少竞争。
두 회사의 연합은 경쟁을 감소시킨다.

연맹 联盟(聯盟) liánméng

명사 연맹. 동맹. **동사** 연맹하다.

我们一起联盟吧。
우리 함께 연맹합시다.

연상 联想(聯想) liánxiǎng

동사 연상하다.

他的话让我联想起多年前的一件事。
그의 말은 나에게 오래 전의 한 사건을 연상하게 했다.

减少 jiǎnshǎo 〔동사〕 감소하다. 줄다
竞争 jìngzhēng 〔동사〕 경쟁하다. 〔명사〕 경쟁.

liàn 익힐 련

연습 练习(練習) liànxí

동사 연습하다. 익히다.

老师让我多练习写字。
선생님께서는 나에게 글자 쓰는 연습을
많이 하게 했다.

yán 갈 연

연구 研究(研究) yánjì

동사 연구하다.

最近你都在研究什么?
최근 당신은 무엇을 연구하고 있습니까?

liàn 사모할 **련**

연애 **恋爱**(戀愛) liàn'ài

동사 연애하다. 명사 연애.

我现在不想谈恋爱。

나는 지금 연애 하고 싶지 않다.

연인 **恋人**(戀人) liànrén

명사 연인. 애인. 사랑하는 사람.

他们是一对很相配的恋人。

그들은 매우 잘 어울리는 한 쌍의 연인이다.

相配 xiāngpèi [형용사] 서로 어울리나. 짝이 맞다.

nián 해 년

연령 年龄(年齡) niánlíng

〔명사〕 연령. 나이.

两个孩子的年龄差不多。
두 아이의 나이는 비슷하다.

연대 年代 niándài

〔명사〕 연대. 시기.

把资料按年代分类。
자료를 연대별로 분류하다.

差不多 chàbuduō 〔형용사〕 비슷하다.
资料 zīliào 〔명사〕 자료.
按 àn 〔개사〕 …에 의거하여. …에 따라서.
分类 fēnlèi 〔동사〕 분류하다.

yǎn 널리 펼 **연**

연기 演技 yǎnjì

〔명사〕 연기.

她是新人，不过演技很好。
그녀는 신인이지만 연기를 잘 한다.

연주 演奏 yǎnzòu

〔동사〕 연주하다.

你会演奏这个曲子吗?
당신은 이 곡을 연주할 수 있나요?

ㅇ

新人 xīnrén 〔명사〕 신입 사원. 신임자. 신인.
曲子 qǔzi 〔명사〕 곡. 노래.

yuán 인연 **연**

연분 缘分(緣分) yuánfèn

〔명사〕 연분. 인연.

婚姻是要靠缘分的。
혼인은 인연에 달려있다.

연고 缘故(緣故) yuángù

〔명사〕 연고. 원인. 이유.

不知道是什么缘故又停电了。
무슨 원인인지는 모르겠지만 또 정전이 되었다.

婚姻 hūnyīn 〔명사〕 혼인. 결혼.
靠 kào 〔동사〕 의지하다. 의탁하다. 의거하다. …에 달려 있다.
停电 tíngdiàn 〔동사〕 정전되다. 전력 공급이 중단되다. 단전되다.

yán 끌 연

연장 **延长**(延長) yáncháng

동사 (거리, 시간 등을) 연장하다. 늘이다.

这次会议的时间又延长了。
이번 회의의 시간이 또 연장되었다.

연기 **延期** yánqī

동사 (원래 정한 기간을)

연기하다. 지연시키다. 늦추다.

由于下雨，运动会不得不延期了。
비가 내렸기 때문에, 운동회는 연기할 수밖에 없었다.

由于 yóuyú [개사] …때문에. …(으)로 인하여.
运动会 yùndònghuì [명사] (종합) 운동회. 체육 대회.
不得不 bùdébù [부사] 어쩔 수 없이. 부득불. 부득이하게.

yàn 잔치 연

연회 宴会(宴會) yànhuì

명사 연회. 파티.

你一定要参加今晚的宴会。
당신은 오늘밤의 연회에 반드시 참가해야 해요.

参加 cānjiā 〔동사〕 (어떤 조직이나 활동에) 참가하다. 참석하다.

rán 그러할 연

연후 然后(然後) ránhòu

접속사 연후. 그런 다음에.

我先去教室，然后再去图书馆。
나는 먼저 교실에 갔다가 그런 다음 도서관에 간다.

热

rè 뜨거울 **열**

열정 热情(熱情) rèqíng

형용사 열정적이다. 친절하다. 다정하다.

명사 열정. 열의.

这里的服务员都很热情。
이곳의 종업원은 모두 매우 친절하다.

열애 热爱(熱愛) rè'ài

동사 열애에 빠지다. 뜨겁게 사랑하다.

我热爱我的国家。
나는 나의 나라를 뜨겁게 사랑한다.

열렬 热烈(熱烈) rèliè

형용사 열렬하다.

我们热烈欢迎他的到来。
우리는 그가 오는 것을 열렬히 환영한다.

yuè 검열할 열

열독 **阅读**(閱讀) yuèdú

〔동사〕 열독하다. (책이나 신문 등을) 보다.

要养成每天阅读的好习惯。

매일 독서하는 좋은 습관을 길러야 한다.

열람 **阅览**(閱覽) yuèlǎn

〔동사〕 (서적 또는 잡지 등을) 열람하다. 훑어보다.

我在图书馆阅览了大量的书。

나는 도서관에서 대량의 책을 열람했다.

养成 yǎngchéng 〔동사〕 습관이 되다. 길러지다. 양성하다.

大量 dàliàng 〔형용사〕 대량의. 많은 양의.

营

yíng 경영할 **영**

영양 **营养**(營養) yíngyǎng

명사 영양.

水果中有很丰富的营养。
과일에는 매우 풍부한 영양이 들어있다.

영업 **营业**(營業) yíngyè

동사 영업하다.

即使周日，我们也照常营业。
설령 주일이라고 해도 우리는 정상 영업을 한다.

丰富 fēngfù 〔형용사〕 많다. 풍부하다. 넉넉하다. 풍족하다.
即使 jíshǐ 〔접속사〕 설령 …하더라도〔할지라도 · 일지라도〕.
周日 zhōurì 〔명사〕 주일.
照常 zhàocháng 〔동사〕 평소대로 하다. 평소와 같다.

lǐng 옷깃 **령**

영도 领导(領導) lǐngdǎo

명사 영도자. 지도자. 리더. 보스. 책임자.

동사 영도하다. 지도하다. 이끌고 나가다.

这位是我们部门的领导。

이 분은 우리 부서의 리더이다.

영토 领土(領土) lǐngtǔ

명사 영토. 국토.

这里属于我们国家的领土。

이곳은 우리 나라의 영토에 속한다.

영역 领域(領域) lǐngyù

명사 영역. 분야.

他在这个领域里取得了很大的成功。

그는 이 분야에서 매우 큰 성공을 얻었다.

部门 bùmén 〔명사〕 부(部). 부문. 부서.

属于 shǔyú 〔동사〕 …에 속하다.

取得 qǔdé 〔동사〕 취득하다. 얻다.

成功 chénggōng 〔동사〕 성공하다. 이루다. 〔명사〕 성공

líng 신령 령

영감 灵感(靈感) línggǎn

명사 영감.

写小说需要灵感。
소설을 쓰는 것은 영감이 필요하다.

영혼 灵魂(靈魂) línghún

명사 영혼. 혼. 마음. 정신. 심령.

书是人们的灵魂。
책은 사람들의 영혼이다.

需要 xūyào 〔동사〕 필요하다. 요구되다.

yīng 꽃부리 **영**

영웅 英雄 yīngxióng

명사 영웅. **형용사** 영웅적인.

他是我们心中的大英雄。
그는 우리 마음 속의 큰 영웅이다.

영어 英语(英語) yīngyǔ

명사 영어.

他英语说得很好。
그는 영어를 잘 한다.

영국 英国(英國) yīngguó

명사 영국.

你去过英国吗?
너는 영국에 가 본 적이 있니?

yǒng 길 영

영원 **永远**(永遠) yǒngyuǎn

[부사] 영원히.

我永远都不会忘记你。
나는 영원히 너를 잊지 않을 거야.

영구 **永久** yǒngjiǔ

[형용사] 영구한. 영원한.

这些照片我要永久地保存起来。
이 사진들은 내가 영원히 간직 할거야.

保存 bǎocún [동사] 보존하다. 간수하다. 간직하다

yǐng 그림자 **영**

受到 shòudào 〔동사〕 받다.
空气 kōngqì 〔명사〕 공기.

영향 影响(影響) yǐngxiǎng

동사 영행을 주다(끼치다). 명사 영향.

我们这里也受到了冷空气的影响。
우리 여기도 차가운 공기의 영향을 받았다.

영상 影像 yǐngxiàng

명사 영상.

这些影像都是你做的吗?
이 영상들 모두 당신이 만들었습니까?

yíng 맞을 **영**

영접 迎接(迎接) yíngjiē

동사 영접하다. 마중하다.

她站起来迎接客人。
그녀는 일어서서 손님을 영접했다.

lǐ 예도 례

예절 礼节(禮節) lǐjié

〔명사〕 예절.

他们家很重视礼节。
그들 집안은 예절을 매우 중시한다.

예의 礼仪(禮儀) lǐyí

〔명사〕 예의. 예절과 의식.

今天我们有一节礼仪课。
오늘 우리는 예의수업이 있다.

예물 礼物(禮物) lǐwù

〔명사〕 예물. 선물.

生日的时候收到了很多礼物。
생일 때 많은 선물을 받았다.

예복 礼服(禮服) lǐfú

〔명사〕 예복.

这是我参加宴会时要穿的礼服。
이것은 내가 연회에 참석할 때 입을 예복이다.

重视 zhòngshì〔동사〕중시하다. 중요시하다.

预

yù 미리 예

예감 预感(豫感) yùgǎn

동사 예감하다. **명사** 예감.

我有一种不好的预感。
나는 좋지 않은 예감이 든다.

예방 预防(豫防) yùfáng

동사 예방하다. 미리 방비하다.

秋季预防感冒很重要。
가을에는 감기를 예방하는 것이 매우 중요하다.

예보 预报(豫報) yùbào

동사 미리 알리다. 예보하다. **명사** 예보.

你听天气预报了吗?
당신은 일기 예보 들었어요?

예측 预测(豫測) yùcè

동사 예측하다. **명사** 예측. 예상.

专家预测明天会有大雨。
전문가는 내일 큰비가 올 것으로 예측했다.

예약 预约(豫約) yùyuē

동사 예약하다.

去那家饭店吃饭要提前预约。

그 식당에 가서 식사를 하려면
사전에 예약을 해야 한다.

예언 预言(豫言) yùyán

동사 예언하다. **명사** 예언.

你听过关于2020年的预言了吗?

너 2020년의 예언에 관해서 들은 적 있니?

예고 预告(豫告) yùgào

동사 예고하다. **명사** 예고.

我看了电视节目预告。

나는 텔레비전 프로그램의 예고를 봤다.

秋季 qiūjì 〔명사〕 추계. 가을철.

感冒 gǎnmào 〔명사〕 감기. 〔동사〕 감기에 걸리다.

专家 zhuānjiā 〔명사〕 전문가.

提前 tíqián 〔동사〕 (예정된 시간·위치를) 앞당기다. 〔부사〕 미리. 사전에.

关于 guānyú 〔개사〕 …에 관해서〔관하여〕.

wū 더러울 오

오염 污染(污染) wūrǎn

동사 오염시키다.

现在环境污染很厉害。

현재 환경오염은 매우 심하다.

오수 污水(污水) wūshuǐ

명사 오수. 더러운 물. 구정물. 하수. 폐수.

这个工厂的污水排放有问题。

이 공장의 폐수 배출은 문제가 있다.

오점 污点(污點) wūdiǎn

명사 오점. 흠이 되는 일. 떳떳하지 못한 일.

명예롭지 못한 일. 죄스런 일.

这是我人生的一个污点。

이것은 내 인생의 오점이다.

厉害 lìhai 〔형용사〕 대단하다. 굉장하다.

工厂 gōngchǎng 〔명사〕 공장.

排放 páifàng 〔동사〕 (폐기 · 폐수 · 고형 폐기물 등을) 배출하다. 방류하다.

人生 rénshēng 〔명사〕 인생.

wēn 따뜻할 온

온난 温暖(溫暖) wēnnuǎn

동사 따뜻하게 하다. 포근하게 하다.

형용사 따뜻하다. 온난하다.

这里的春天很温暖。

이곳의 봄은 매우 따뜻하다.

온도 温度(溫度) wēndù

명사 온도.

室内的温度是多少?

실내의 온도는 얼마입니까?

온화 温和(溫和) wēnhé

형용사 (기후가) 따뜻하다. 온난하다.
　　　　온화하다. 부드럽다.

她的态度很温和。

그녀의 태도는 매우 온화하다.

온순 温顺(溫順) wēnshùn

형용사 온순하다. 얌전하다.

这条小狗很温顺。

이 작은 강아지는 매우 온순하다.

室内 shìnèi 〔명사〕 실내.

wán 완전할 **완**

완성 完成 wánchéng

[동사] 완성하다. (예정대로) 끝내다. 완수하다.

今天能够完成这些工作吗?
오늘 이 일들을 끝낼 수 있습니까?

완전 完全 wánquán

[부사] 완전히. 전적으로.

[형용사] 완전하다. 온전하다.
완벽하다. 완전무결하다.

我完全同意他的话。
나는 그의 말을 전적으로 동의한다.

완결 完结(完結) wánjié

[동사] 끝내다. 마치다. 종결하다. 완결되다.

这个事情还没有完结。
이 일은 아직 종결되지 않았다.

同意 tóngyì [동사] 동의하다. 찬성하다.

wán 놀 완

완구 玩具 *wánjù*

〔명사〕 장난감. 완구.

小孩子都喜欢玩具。
어린이는 모두 장난감을 좋아한다.

wāi 비뚤어질 왜

왜곡 歪曲 *wāiqū*

〔동사〕 (사실이나 내용을 고의로) 왜곡하다.

你怎么能歪曲事实呢?
당신은 어떻게 사실을 왜곡할 수 있어요?

事实 shìshí 〔명사〕 사실.

外

wài 밖 외

외교 外交 wàijiāo

명사 외교.

她的外交能力很强。
그녀의 외교 능력은 매우 강하다.

외모 外貌 wàimào

명사 외모.

不要只在意人的外貌。
사람의 외모만 의식해서는 안 된다.

외지 外地 wàidì

명사 외지.

我是从外地来的。
나는 외지에서 왔습니다.

외향 外向 wàixiàng

형용사 (성격이) 외향적이다.

我很喜欢外向的人。
나는 외향적인 사람을 매우 좋아한다.

외출 外出 wàichū

동사 외출하다. (밖으로) 나가다.

我外出的这几天没发生什么事吧?
내가 나가 있었던 요 며칠 별일 없었지?

能力 nénglì 〔명사〕 능력.
在意 zàiyì 〔동사〕 마음에 두다.

yào 바랄 요

요구 要求 yāoqiú

〔명사〕 요구. 〔동사〕 요구하다.

妈妈对我的要求太多了。
엄마는 나에 대한 요구가 너무 많다.

요령 要领(要領) yàolǐng

〔명사〕 요령. 핵심.

我告诉你要领。
내가 요령을 알려줄게.

요소 要素 yàosù

〔명사〕 요소.

它的组成要素是什么?
그것의 구성 요소는 무엇입니까?

요점 要点(要點) yàodiǎn

〔명사〕 요점.

你可以列举一下要点吗?
당신은 요점을 좀 열거할 수 있습니까?

요지 要地 yàodì

〔명사〕 요지.

这是我国的军事要地。
이곳은 우리 나라의 군사요지이다.

列举 lièjǔ 〔동사〕 열거하다.
军事 jūnshì 〔명사〕 군사.

55

yù 하고자 할 **욕**

욕구 欲求(慾求) yùqiú

명사 욕구.

동사 욕구하다. 바라다. 얻으려고 하다.

这是没有止境的欲求。

이것은 끝이 없는 욕구이다.

욕망 欲望(慾望) yùwàng

명사 욕망.

我满足不了他的发财欲望。

나는 그의 부자가 되고자 하는 욕망을
만족시킬 수 없다.

止境 zhǐjìng 〔명사〕 멈추는 곳. 끝. 한도. 궁극적인 경지.

满足 mǎnzú 〔동사〕 만족하다. 흡족하다. 만족시키다.

发财 fācái 〔동사〕 큰돈을 벌다. 부자가 되다. 큰 재산을 모으다.

yǒng 용감할 **용**

용감 勇敢 yǒnggǎn

형용사 용감하다.

那个孩子很勇敢。
그 아이는 매우 용감하다.

용기 勇气(勇氣) yǒngqì

부사 용기.

做这件事也是需要勇气的。
이 일을 하는 것도 용기가 필요하다.

용맹 勇猛 yǒngměng

형용사 용맹스럽다.

狮子和老虎哪个更勇猛?
사자와 호랑이, 어느 쪽이 더 용맹할까요?

狮子 shīzi 〔명사〕사자.
老虎 lǎohǔ 〔명사〕범. 호랑이.

yòng 쓸 용

용도 用途(用途) yòngtú

명사 용도.

这个东西有什么用途?
이 물건은 어떤 용도가 있습니까?

용법 用法 yòngfǎ

명사 용법. 사용 방법.

你知道这个单词的用法吗?
너는 이 단어의 용법을 알고 있니?

용어 用语(用語) yòngyǔ

명사 용어. (전문) 용어.

这是我们的习惯用语。
이것은 우리들의 습관적인 용어입니다.

용품 用品 yòngpǐn

명사 용품.

我们要准备很多生活用品。
우리는 매우 많은 생활용품을 준비해야 한다.

友

yǒu 벗 우

우호 **友好** yǒuhǎo

형용사 우호적이다.

我们必须保持友好的关系。

우리는 반드시 우호적인 관계를 유지해야 한다.

우의 **友谊(友誼)** yǒuyì

명사 우의. 우정.

为我们的友谊干杯。

우리의 우정을 위하여 건배!

必须 bìxū 〔부사〕반드시 …해야 한나.

保持 bǎochí 〔동사〕(지속적으로) 유지하다. 지키다.

yōu 우수할 우

우세 优势(優勢) yōushì

명사 우세.

在这方面我没有优势。
이 방면에서 나는 우세하지 않다.

우수 优秀(優秀) yōuxiù

형용사 (품행, 학업, 성적 등이) 우수하다.
뛰어나다.

她的成绩一直都很优秀。
그녀의 성적은 줄곧 매우 우수했다.

우아 优雅(優雅) yōuyǎ

형용사 우아하다.

她是一个很优雅的女子。
그녀는 매우 우아한 여성이다.

우월 优越(優越) yōuyuè

형용사 우월하다. 우수하다.

她家里的条件很优越。
그녀는 집안의 조건이 매우 우월하다.

成绩 chéngjì 〔명사〕 (일·학
업상의) 성적. 성과. 수확.
一直 yìzhí 〔부사〕 계속. 줄곧.
条件 tiáojiàn 〔명사〕 조건.

邮

yóu 우편 **우**

收集 shōují 〔동사〕 수집하다.
(끌어)모으다. 채집하다.

우표 邮票(郵票) yóupiào

명사 우표.

我喜欢收集邮票。
나는 우표 수집하는 것을 좋아한다.

运

yùn 돌 **운**

加速 jiāsù 〔동사〕 가속하다.
속도를 내다.

운동 运动(運動) yùndòng

명사 운동. 스포츠.
동사 움직이다. 활동하다.

你每天都去运动吗?
당신은 매일 운동하러 갑니까?

운행 运行(運行) yùnxíng

동사 (차, 열차, 배 등이) 운행하다.

火车正在加速运行
기차가 가속 운행 중이다.

yuán 둥글 **원**

원만 **圆满(圓滿)** yuánmǎn

형용사 원만하다. 훌륭하다.
완벽하다. 충분하다.

这件事情处理得很圆满。
이 일은 매우 원만하게 처리되었다.

处理 chǔlǐ 〔동사〕 처리하다.

原

yuán 원래 원

원래 原来(原來) yuánlái

부사 원래. 본래. 알고 보니
형용사 원래의. 본래의.

原来我并不住在这里。
원래 나는 여기에 살지 않았다.

원시 原始 yuánshǐ

형용사 원시의.

他们是原始部落的人。
그들은 원시 부락의 사람이다.

원인 原因 yuányīn

명사 원인.

你知道这件事情的原因吗?
당신은 이 일의 원인을 알고 있습니까?

원칙 原则(原則) yuánzé

명사 원칙. **부사** 원칙적으로.

每个人都有自己做事的原则。
사람마다 자신만의 일하는 원칙이 있다.

원료 原料 yuánliào

명사 원료. 감.

这个产品的制作原料是什么?
이 제품의 제작 원료는 무엇입니까?

원리 原理 yuánlǐ

명사 원리.

这是大家都知道的基本原理。
이것은 모두가 다 알고 있는 기본적인 원리이다.

部落 bùluò 〔명사〕 부락. 마을. 촌락. 집단 거주지.
制作 zhìzuò 〔동사〕 제작〔제조〕하다. 만들다.
基本 jīběn 〔형용사〕 기본의. 기본적인.

wēi 위태할 위

위기 危机(危機) wēijī

명사 위기. 위험한 고비.

这次的经济危机很严重。
이번 경제 위기는 매우 심각하다.

위급 危急 wēijí

형용사 위급하다. 급박하다. 다급하다.

当时的情况很危急。
당시의 상황은 매우 위급했다.

위험 危险(危險) wēixiǎn

명사 위험.

형용사 위험하다.

那个孩子太危险了。
저 아이는 너무 위험하다.

wěi 위대할 위

위대 伟大(偉大) wěidà

〔형용사〕 위대하다.

母爱是最伟大的。
모성애는 가장 위대하다.

위인 伟人(偉人) wěirén

〔명사〕 위인. 위대한 사람.

他是我们国家的伟人。
그는 우리 나라의 위인이다.

母爱 mǔ'ài 〔명사〕 모성애.

wéi 어길 위

위반 违反(違反) wéifǎn

〔동사〕 (법률, 규정 등을) 위반하다. 어기다.

他违反了公司的规定。
그는 회사의 규정을 위반했다.

위법 违法(違法) wéifǎ

〔동사〕 위법하다. 법을 어기다.

你这么做是违法的。
당신이 이렇게 하는 것은 위법입니다.

规定 guīdìng 〔동사〕 규정하다.
정하다. 〔명사〕 규정. 규칙.

66

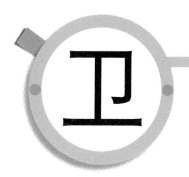

wěi 지킬 위

发射 fāshè 〔동사〕(총알 · 포탄 · 미사일 · 인공위성 · 전파 등을) 쏘다. **발사하다.**

위생 **卫生**(衛生) wèishēng

〔명사〕 위생. 〔형용사〕 위생적이다. 깨끗하다.

你要注意个人卫生。
당신은 개인위생에 신경 쓰셔야 합니다.

위성 **卫星**(衛星) wèixīng

〔명사〕 위성. 인공위성.

美国发射了一颗卫星。
미국은 인공위성을 발사했다.

wěi 맡길 위

위원 **委员**(委員) wěiyuán

〔명사〕 (위원회, 특별 조직의) 위원.

我们一致推选他做这个委员。
우리는 만장일치로 그를 이 위원으로 추천 선발했다.

致 yīzhì 〔형용사〕 일치하다. 〔부사〕 함께. 같이.
推选 tuīxuǎn 〔동사〕 천거(추천)하여 선발(선출)하다.

wēi 위엄 위

위협 威胁(威脅) wēixié

동사 (무력이나 권세로) 위협하다.
으르다. 협박하다.

你不要拿这件事来威胁我。
당신은 이 일을 가지고 나를 협박하지 마세요.

위엄 威严(威嚴) wēiyán

명사 위엄. 위풍.

형용사 위엄(기품)있는 모양. 위풍당당하다.

他穿上军装显得很威严。
그가 군복을 입으니까 너무 위엄 있어 보인다.

军装 jūnzhuāng 〔명사〕 군복.

显得 xiǎnde 〔동사〕 …하게 보이다.

留
liú 머무를 류

유학 留学(留學) liúxué

동사 유학하다.

你想去哪儿留学?
너는 어디로 유학 가고 싶니?

悠
yōu 오래될 유

유구 悠久 yōujiǔ

형용사 유구하다.

面条在中国有着悠久的历史。
국수는 중국에서 유구한 역사를 가지고 있다.

面条 miàntiáo 〔명사〕 국수.
历史 lìshǐ 〔명사〕 역사.

有

yǒu 있을 유

유리 有利 yǒulì

〔형용사〕 유리하다. 이롭다. 좋은 점이 있다.

这场比赛他们队比较有利。

이 경기에서 그들 팀이 비교적 유리하다.

유명 有名 yǒumíng

〔형용사〕 유명하다. 명성이 높다.

韩国的泡菜在世界上很有名。

한국의 김치는 세계적으로 매우 유명하다.

유익 有益(有益) yǒuyì

〔형용사〕 유익하다. 도움이 되다.

运动有益于身体健康。

운동은 신체 건강에 유익하다.

유한 有限 yǒuxiàn

〔형용사〕 유한하다. 한계가 있다.

个人的力量是有限的。

개인의 힘은 한계가 있다.

世界 shìjiè 〔명사〕 세상. 세계

健康 jiànkāng 〔형용사〕 건강하다.

个人 gèrén 〔명사〕 개인.

力量 lìliang 〔명사〕 능력. 역량. 힘.

유효 有效 yǒuxiào

형용사 유효하다. 효과가 있다. 효력이 있다.

这个方法有效吗?
이 방법은 효력이 있나요?

yí 남길 유

유산 遗产(遺産) yíchǎn

명사 (돌아가신 분이 남겨주신) 유산

爸爸给我们留下了很多遗产。
아버지께서 우리들에게 매우 많은 유산을 남겨주셨다.

유전 遗传(遺傳) yíchuán

동사 (생물학적으로) 유전하다.

她的眼睛遗传了爸爸。
그녀의 눈은 아버지로부터 유전되었다.

留下 liúxià 〔동사〕 남기다. 남겨 두다.

yòu 어릴 유

유치 幼稚 yòuzhì

형용사 유치하다. 어리다.
수준이 낮다. 미숙하다.

你的这种行为太幼稚了。
너의 이런 행동은 너무 유치하다.

유아원 幼儿园(幼兒園) yòu'éryuán

명사 유아원. 유치원.

我的儿子正在上幼儿园。
내 아들은 지금 유치원에 다닌다.

行为 xíngwéi 〔명사〕 행위. 행동.

流

liú 흐를 류

유산 流产(流産) liúchǎn

동사 유산하다. 유산되다.

我的第一个孩子流产了。
나의 첫 번째 아이는 유산되었다.

유행 流行 liúxíng

동사 유행하다. 성행하다. 널리 퍼지다.

형용사 유행하는. 성행하는.

这件衣服现在很流行。
이 옷은 현재 매우 유행하고 있다.

유역 流域 liúyù

명사 유역.

黄河流域最近发洪水了。
황하 유역에 최근 홍수가 났었다.

유수 流水 liúshuǐ

명사 유수. 흐르는 물.

我听见了流水的声音。
나는 물 흐르는 소리를 들었다.

유동 流动(流動) liúdòng

동사 (인원이) 옮겨 다니다. 유동하다.

北京的流动人口达到了五百万。

베이징의 유동인구가 500만 명에 이르렀다.

유통 流通(流通) liútōng

형용사 [경제] (상품·화폐가) 유통되다.

这种货币现在已经不流通了。

이런 화폐는 현재 이미 유통되고 있지 않다.

유랑 流浪 liúlàng

동사 유랑하다. 방랑하다.

(정한곳이나 목적 없이) 떠돌아다니다.

现在的流浪者越来越多了。

지금의 유랑자는 점점 더 늘어나고 있다.

黄河 Huánghé 〔명사〕 황허(黄河).

发洪水 fāhóngshuǐ 홍수가 나다.

人口 rénkǒu 〔명사〕 인구.

达到 dádào 〔동사〕 달성하다. 도달하다. 이르다.

货币 huòbì 〔명사〕 화폐.

越来越 yuèláiyuè 〔부사〕 점점 더. 갈수록

类

lèi 종류 류

유사 类似(類似) lèisì

형용사 유사하다. 비슷하다.

以后不要再发生类似今天的事。
앞으로 오늘과 유사한 일이
다시 일어나지 않도록 해라.

유형 类型(類型) lèixíng

명사 유형.

你喜欢什么类型的男人？
너는 어떤 유형의 남자를 좋아하니?

yóu 헤엄칠, 노닐 **유**

平时 píngshí 〔명사〕평소.
평상시. 보통 때.
风景 fēngjǐng 〔명사〕풍경. 경치.

유희 游戏(遊戲) yóuxì

명사 유희. 게임. 놀이.

平时你喜欢玩游戏吗?
평상시에 당신은 게임 하는 것을 좋아합니까?

유람 游览(遊覽) yóulǎn

동사 (풍경·명승 등을) 유람하다.

我喜欢游览各个国家的风景。
나는 각국의 풍경을 유람하는 것을 좋아한다.

wéi 맬 **유**

유지 维持(維持) wéichí

동사 유지하다. 지키다.

他们的关系一直维持得不错。
그들의 관계는 줄곧 잘 유지해왔다.

肉

ròu 고기 **육**

육류 肉类(肉類) ròulèi

명사 육류.

医生建议我们少吃肉类。
의사는 우리들에게 육류를 적게 먹으라고 제안했다.

육식 肉食 ròushí

명사 육식.

老虎是肉食动物。
호랑이는 육식동물이다.

육체 肉体(肉體) ròutǐ

명사 육체.

不要出卖自己的肉体。
자신의 육체를 팔지 마라.

육안 肉眼 ròuyǎn

명사 육안. 맨눈.

这种细菌是肉眼看不到的。
이런 세균은 육안으로 보이지 않는다.

医生 yīshēng 〔명사〕 의사. 의원.
建议 jiànyì 〔동사〕 (자기의 주장·의견을) 제기하다. 제안하다. 建议하다.
出卖 chūmài 〔동사〕 (개인의 이익을 위해 국가·민족·친구 등을) 배반하다. 팔아먹다. 배신하다.
细菌 xìjūn 〔명사〕 세균.

yīn 흐릴 음

음양 阴阳(陰陽) yīnyáng

명사 음양.

你懂得阴阳五行说吗?
당신은 음양오행설을 이해하십니까?

음모 阴谋(陰謀) yīnmóu

명사 음모. **동사** 음모하다. 음모를 꾸미다.

你们在策划什么阴谋?
너희들은 무슨 음모를 꾸미고 있는 거니?

음력 阴历(陰曆) yīnlì

명사 (태)음력.

我的生日是按阴历过的。
나의 생일은 음력으로 지낸다.

懂得 dǒngde 〔동사〕 (뜻·방법 등을) 알다. 이해하다.
五行 wǔxíng 〔명사〕 오행. 〔금(金)·목(木)·수(水)·화(火)·토(土)의 다섯 가지 물질〕
策划 cèhuà 〔동사〕 획책하다. 계획하다. 기획하다. 일을 꾸미다. 계책을 세우다.

意

yì 뜻 의

의견 **意见**(意見) yìjiàn

명사 1. 견해. 의견.

　　　 2. 이의. 불만. 반대

你对这件事有什么意见?
당신은 이 일에 대해 어떤 의견이 있습니까?

의의 **意义**(意義) yìyì

명사 의의. 의미. 뜻.

你这么做有什么意义吗?
당신이 이렇게 하는 것이 무슨 의미가 있습니까?

의외 **意外** yìwài

명사 의외의 사고. 뜻하지 않은 사고.

형용사 의외의. 뜻밖의. 뜻하지 않은.

他竟然没有生气，我感到很意外。
그가 뜻밖에도 화를 내지 않아서
나는 의외라고 생각했다.

의식 **意识**(意識) yìshí

명사 의식.

我突然意识到事态的严重性。
나는 갑자기 사태의 심각성을 의식했다.

의도 意图(意圖) yìtú

명사 의도. 기도. 타산.

大家都看出他的意图了。
모두들 그의 의도를 알아차렸다.

의향 意向 yìxiàng

명사 의향. 의도. 의사.

他对我们公司有投资的意向吗?
그는 우리 회사에 대해 투자할 의향이 있나요?

의지 意志 yìzhì

명사 의지. 의기.

你的意志真的很强。
당신의 의지는 정말로 강하네요.

의미 意味 yìwèi

동사 의미하다. 뜻하다. 나타내다.

你知道这么做意味着什么吗?
당신은 이렇게 하는 것이
무엇을 의미하는지 알고 계십니까?

突然 tūrán (부사) 갑자기. 돌연히.
事态 shìtài (명사) 사태. 정황.
严重性 yánzhòngxìng 심각성.
投资 tóuzī (동사) 투자하다. 자금을 투입하다.

利

lì 이로울 **리**

이윤 利润(利潤) lìrùn

명사 이윤.

今年公司赚了很多利润。
올해 회사는 많은 이윤을 남겼다.

이익 利益(利益) lìyì

명사 이익. 이득.

他只想着自己的利益。
그는 자신의 이익만을 생각한다.

이용 利用 lìyòng

동사 이용하다.

现在才知道他一直在利用我。
그가 줄곧 나를 이용하고 있었다는 것을 이제야 알았다.

赚 zhuàn 〔동사〕 (돈을) 벌다.

离

lí 헤어질 **리**

이혼 离婚(離婚) líhūn

동사 이혼하다.

现在离婚的人越来越多。
현재 이혼하는 사람이 점점 너 많다.

人

rén 사람 인

인사 人士 rénshì

명사 인사.

他是一位成功人士。
그는 성공한 인사이다.

인사 人事 rénshì

명사 인사. [직원의 임용·해임·평가 따위와
관계되는 행정적인 일]

我在人事部工作三年了。
나는 인사부에서 일한 지 3년 되었다.

인구 人口 rénkǒu

명사 인구.

中国的人口是最多的。
중국의 인구가 가장 많다.

인생 人生 rénshēng

명사 인생.

人生总是有不顺心的事。
인생은 늘 순조롭지 못한 일이 있다.

인재 **人才** réncái

(명사) 인재.

公司为了吸引人才做了很多努力。
회사는 인재를 끌어들이기 위해 많은 노력을 했다.

인기 **人气**(人氣) rénqì

(명사) 인기.

这位演员在中国很有人气。
이 연기자는 중국에서의 매우 인기가 있다.

인지상정 **人之常情**(人之常情)

rén zhī cháng qíng

(성어) 인지상정. 사람이라면
　　　　누구나 가질 수 있는 마음이나 생각.

孝敬父母是人之常情。
부모님께 효도하는 것은 인지상정이다.

顺心 shùnxīn 〔형용사〕 뜻대로 되다. 마음대로 되다.
孝敬 xiàojìng 〔동사〕 웃어른을 잘 섬기고 공경하다. 효도하다.

인도 引导(引導) yǐndǎo

동사 인도하다. 인솔하다. 이끌다.

一定要好好引导孩子做事。
아이가 일을 하도록 반드시 잘 인도 해야 한다.

인용 引用 yǐnyòng

동사 인용하다.

我引用一句名人的话吧。
내가 명인의 말 한 마디를 인용할게요.

yǐn 당길 인

名人 míngrén 〔명사〕 명인. 유명 인사. 명사(名士).

인성 印象 yìnxiàng

명사 인상.

这次旅游给我留下了很深的印象。
이번 여행은 나에게 매우 깊은 인상을 남겨주었다.

인쇄 印刷 yìnshuā

동사 인쇄하다.

这家印刷的技术很不错。
이 집 인쇄 기술은 매우 괜찮다.

yìn 도장 인

技术 jìshù 〔명사〕 기술.

lì 설 **립**

입장 立场(立場) lìchǎng

명사 입장. 태도. 관점.

我们的立场不同。
우리의 입장은 다르다.

입법 立法 lìfǎ

동사 입법하다. 법률을 제정하다.

明天举行立法会议。
내일 입법 회의를 거행한다.

입체 立体(立體) lìtǐ

명사 입체. **형용사** 입체의. 입체감을 주는.

他画的画儿是立体的。
그가 그린 그림은 입체적이다.

입춘 立春 lìchūn

명사 입춘. **동사** 봄이 시작되다. 입춘이 되다.

马上就要立春了。
곧 입춘이다.

举行 jǔxíng 〔동사〕 거행하다.

ZĪ 재물 자

자금 资金(資金) zījīn

명사 자금.

我想创业，但是没有资金。
나는 창업을 하고 싶지만 자금이 없다.

자본 资本(資本) zīběn

명사 자본. 자금. 밑천. 본전.

由小资本开始做生意。
작은 자본으로 장사를 시작한다.

자원 资源(資源) zīyuán

명사 자원.

这里的资源很丰富。
여기의 자원은 매우 풍부하다.

자격 资格(資格) zīgé

명사 자격.

你有什么资格说我?
당신이 무슨 자격으로 나를 혼내나요?

ㅈ

자료 资料(資料) zīliào

명사 자료.

他经常用电脑查资料。
그는 자주 컴퓨터로 자료를 찾아본다.

자산 资产(資産) zīchǎn

명사 자산. 재산. 산업.

你知道他有多少资产吗?
당신은 그의 자산이 얼마나 되는지 아세요?

创业 chuàngyè 〔동사〕 창업하다.
丰富 fēngfù 〔형용사〕 많다. 풍부하다. 넉넉하다. 풍족하다.
说 shuō 〔동사〕 나무라다. 책망하다. 비판하다. 타이르다. 꾸짖다.

zì 스스로 **자**

자립 自立 zìlì

`동사` 자립하다. 스스로 서다.

妈妈要培养孩子的自立能力。
엄마는 아이의 자립능력을 키워야 한다.

자원 自愿 zìyuàn

`동사` 자원하다. 스스로 지원하다.

我是自愿去帮他的。
나는 자원해서 그를 도왔다.

자유 自由 zìyóu

`명사` 자유. `형용사` 자유롭다.

我最喜欢自由的生活。
나는 자유로운 생활을 가장 좋아한다.

자기 自己 zìjǐ

`대명사` 자기. 자신. 스스로.

你可以自己做这些事情吗?
당신은 스스로 이 일들을 할 수 있습니까?

자연 自然 zìrán

명사 자연. **형용사** 천연의. 자연의.

我们要保护自然环境。
우리는 자연 환경을 보호해야 한다.

자신 自信 zìxìn

동사 자신하다. 자부하다.
형용사 자신만만하다. 자신감 있다.

他很自信地对我说他不会输。
그는 지지 않을 것이라고
매우 자신있게 나에게 말했다.

培养 péiyǎng 〔동사〕 배양하다. 양성하다. 육성하다. 기르다. 키우다. 길러 내다.

保护 bǎohù 〔동사〕 보호하다.

输 shū 〔동사〕 패하다. 지다. 잃다.

zǐ 자세할 **자**

자세 仔细(仔細) zǐxì

형용사 자세하다. 세심하다. 꼼꼼하다.

她做事情一直都很仔细。
그녀는 일을 하는데 늘 세심하다.

zuò 만들 **작**

작문 作文 zuòwén

명사 작문. 글.
동사 작문하다. 글을 짓다.

你的作文写得怎么样了?
너 작문은 잘 썼니?

작품 作品 zuòpǐn

명사 창작품. 작품.

这是一个很优秀的作品。
이것은 매우 우수한 작품이다.

ㅈ

작용 作用 zuòyòng

명사 작용. 효과. 역할.

这个东西有什么作用?
이 물건은 무슨 효과가 있나요?

작가 作家 zuòjiā

명사 작가.

他是一位很有名的作家。
그는 매우 유명한 작가이다.

작자 作者(作者) zuòzhě

명사 작자. 지은이. 저자. 필자.

你知道这本书的作者是谁吗?
당신은 이 책의 저자가 누구인지 알고 있나요?

优秀 yōuxiù 〔형용사〕 아주 뛰어나다. 우수하다.

zàn 잠깐 **잠**

잠시 暂时(暫時) zànshí

명사 잠깐. 잠시. 일시.

我来中国暂时住在叔父家。
나는 중국에 와서 잠시 숙부 집에 살고 있다.

zá 섞일 **잡**

잡지 杂志(雜誌) zázhì

명사 잡지.

我平时很喜欢看杂志。
나는 평상시에 잡지 보는 것을 매우 좋아한다.

잡기 杂技(雜技) zájì

명사 잡기. 곡예. 서커스.

这个杂技表演很精彩。
이 서커스 공연은 매우 훌륭하다.

精彩 jīngcǎi 〔형용사〕 뛰어나다. 훌륭하다. 근사하다. 멋지다.

cháng 길 장

長期(長期) chángqī

명사 장시간. 장기간.

我在这里可以长期居住。
나는 여기에서 장기간 거주할 수 있다.

장편 長篇(長篇) chángpiān

명사 장편 소설.

我很喜欢看长篇小说。
나는 장편 소설 보는 것을 매우 좋아한다.

居住 jūzhù 〔동사〕 거주하다.

jiāng 장차 장

장래 将来(將來) jiānglái

명사 장래. 미래.

为了将来，我要努力工作。
미래를 위해서 나는 열심히 일해야 한다.

zhuāng 꾸밀 **장**

장비 装备(裝備) zhuāngbèi

명사 장비.

동사 탑재하다. 장착하다. 장치하다.

他们的装备很齐全。

그들의 장비는 매우 완벽히 갖추어졌다.

장식 装饰(裝飾) zhuāngshì

명사 장식(품). **동사** 장식하다.

她把房间装饰得漂亮极了。

그녀는 방을 아주 예쁘게 장식했다.

장치 装置(裝置) zhuāngzhì

명사 장치. 시설. **동사** 설치하다. 장치하다.

工厂新进了一批先进的装置。

공장에 선진화된 장치를 새로 들여왔다.

齐全 qíquán 〔형용사〕 완전히 갖추다. 완비하다. 완벽히 갖추다.

先进 xiānjìn 〔형용사〕 선진의. 남보다 앞선. 진보적인.

cái 재주 재

재능 **才能** *cáinéng*

명사 재능. 지식과 능력. 재간. 솜씨. 수완.

我没发现他有这方面的才能。

나는 그가 이 방면에 재능이 있는지 몰랐다.

cái 재물 재

재산 **财产**(財産) *cáichǎn*

명사 재산. 자산.

这些是我的全部财产。

이게 나의 전 재산이다.

재력 **财力**(財力) *cáilì*

명사 재력. 경제력. 재정적인 힘.

她认为这么做是浪费公司的财力。

그녀는 이렇게 하는 것이
회사의 재력을 낭비하는 것이라고 여겼다.

財

재물 财物(財物) cáiwù

명사 재물. 재산. 재화. 금전과 물자.

我觉得身体比财物更重要。

나는 건강이 재물보다 더 중요하다고 생각한다.

재원 财源(財源) cáiyuán

명사 재원(財源). 자금 원천.

最近公司的财源很紧张。

최근 회사의 재원이 매우 빠듯하다.

재무 财务(財務) cáiwù

명사 재무. 재정.

我在财务部门工作。

나는 재무부에서 일한다.

ㅈ

浪费 làngfèi 〔동사〕 낭비하다. 허비하다. 헛되이 쓰다.

紧张 jǐnzhāng 〔형용사〕 (물품이) 달리다. 빠듯하다. 부족하다.

zāi 재앙 재

避免 bìmiǎn 〔동사〕 피하다. (모)면하다. (나쁜 상황을) 방지하다.

재난 灾难(災難) zāinàn

명사 재난. 재해. 화. 환난.

我们怎么避免这场灾难?
우리는 어떻게 이 재난을 피할 수 있을까요?

재해 灾害(災害) zāihài

명사 (자연이나 인위적인) 재해. 화. 재난. 환난.

我觉得自然灾害最可怕。
나는 자연 재해가 가장 무서운 것이라고 생각한다.

zài 다시 재

要求 yāoqiú 〔동사〕 요구하다. 요망하다.
改善 gǎishàn 〔동사〕 개선하다. 개량하다.

재심 再三 zàisān

명사 재삼. 두세 번. 몇 번씩. 거듭. 여러 번.

他们再三要求改善工作环境。
그들은 작업 환경을 개선해 달라고 재삼 요구했다.

재차 再次 zàicì

부사 재차. 거듭. 두 번째. 다시 한 번.

我希望能够再次见到他。
나는 그를 다시 한 번 만날 수 있기를 바란다.

争

zhēng 다툴 쟁

쟁론 争论(爭論) zhēnglùn

동사 변론하다. 쟁론하다. 쟁의하다. 논쟁하다.

你们为什么争论得这么厉害?

당신들은 왜 이렇게 심하게 논쟁을 하는 것입니까?

쟁탈 争夺(爭奪) zhēngduó

동사 쟁탈하다. 다투다.

为了争夺比赛的金牌,
运动员们互不相让。

경기의 금메달을 쟁탈하기 위해,
선수들은 서로 양보하지 않는다.

쟁취 争取(爭取) zhēngqǔ

동사 쟁취하다. 얻어 내다. 따내다.
실현하기 위해 노력하다. …하려고 힘쓰다.

我们争取能够赢得这次比赛。

우리는 이번 경기에서 이길 수 있도록 힘쓰고 있다.

互不相让 hùbùxiāngràng 서로 양보하지 않다.
赢得 yíngdé (동사) 얻다. 획득하다. 쟁취하다.

zhù 뚜렷할 저

저명 著名(著名) zhùmíng

형용사 저명하다. 유명하다.

她是著名的京剧演员。

그녀는 저명한 경극 배우이다.

jī 쌓을 적

적극 积极(積極) jījí

형용사 적극적이다. 열성적이다.

의욕적이다. 진취적이다. 건설적이다.

他很积极地参加学校的活动。

그는 매우 적극적으로 학교의 활동에 참가했다.

shì 맞을 적

적당 适当(適當) shìdàng

형용사 적절하다. 적합하다. 알맞다. 적당하다.

适当的休息可以提高工作效率。
적당한 휴식은 작업능률을 높일 수 있다.

적응 适应(適應) shìyìng

동사 적응하다.

我已经适应了这里的生活。
나는 이미 이곳의 생활에 적응했다.

적합 适合(適合) shìhé

동사 적합하다. 부합하다. 알맞다.
적절하다. 어울리다.

这件衣服很适合你。
이 옷은 너에게 너무 잘 어울린다.

적용 适用(適用) shìyòng

동사 적용하다.
형용사 사용에 적합하다. 쓰기에 알맞다.

这些规章制度对谁都适用。
이런 규정 제도는 누구에게나 적용된다.

效率 xiàolǜ 〔명사〕 능률. 효율.
规章 guīzhāng 〔명사〕 규칙.
규정.

qián 앞 **전**

전도 前途(前途) qiántú

명사 전도. 앞길. 전망. 장래의 처지.

他的职业很有前途。
그의 직업은 매우 전도유망하다.

전면 前面 qiánmian

명사 앞. 앞부분.

你在前面做什么呢?
당신은 앞에서 뭐 하세요?

전방 前方 qiánfāng

명사 (공간·위치적으로) 앞부분. 앞. 앞쪽.

前方50米有一个公共汽车站。
전방 50미터에 버스정류소가 있습니다.

전후 前后(前後) qiánhòu

명사 (물건의 공간적) 앞과 뒤.

(특정 시간의) 전후.

这篇小说前后矛盾。
이 소설은 앞뒤가 맞지 않다.

전제 前提 qiántí

명사 전제. 전제 조건.

想出去玩儿的前提是必须写完作业。
나가서 놀고 싶은 전제 조건은
반드시 숙제를 다 마쳐야 한다.

矛盾 máodùn 〔형용사〕 모순적이다.

zhǎn 펼 전

전람 展览(展覽) zhǎnlǎn

동사 전람하다.

这家博物馆都展览什么?
이 박물관은 무엇을 전람합니까?

전시 展示 zhǎnshì

동사 전시하다. 드러내다. 나타내다.

这就是我们今天展示的工艺品。
이것이 바로 우리가 오늘 전시한 공예품입니다.

전망 展望 zhǎnwàng

동사 전망하다. 앞을 내다보다. 먼 곳을 보다.

我们一起展望一下未来。
우리들은 함께 미래를 전망해보자.

전개 展开(展開) zhǎnkāi

동사 (활동을) 전개하다. 벌이다. 펴다. 펼치다

他们就这个问题展开了讨论。
그들은 이 문제에 대해 토론을 전개했다.

zhàn 싸울 전

전략 **战略**(戰略) zhànlüè

명사 전략. **형용사** 전략적인.

这次作战的战略是什么?
이 번 작전의 전략은 무엇입니까?

전패 **战败**(戰敗) zhànbài

동사 전패하다. 패전하다. 싸움에서 지다.

这次一定不能战败。
이번에는 반드시 전패해서는 안 된다.

전쟁 **战争**(戰爭) zhànzhēng

명사 전쟁.

每个人都不喜欢战争。
모든 사람은 다 전쟁을 싫어한다.

전술 **战术**(戰術) zhànshù

명사 [군사] 전술.

他很擅长这些战术。
그는 이런 전술에 매우 뛰어나다.

作战 zuòzhàn 〔동사〕 싸우다. 전투하다. 작전하다.

擅长 shàncháng 〔동사〕 (어떤 방면에) 뛰어나다. 잘하다. 정통하다. 재주가 있다.

全

quán 온전할 전

尽 jìn 〔동사〕 다 없어지다. 다하다. 끝나다.

전력 全力 quánlì

명사 온 힘. 전력.

有什么困难，我会尽全力帮助你。
무슨 어려움이 있으면,
내가 온 힘 을 다해 너를 도울게.

전면 全面 quánmiàn

명사 전면. 전반. 전체.

형용사 전면적이다. 전반적이다.

现在都要求孩子全面发展。
요즘은 아이가 전반적으로 발전하기를 요구한다.

전모 全貌 quánmào

명사 전모.

你看过这座山的全貌吗?
당신은 이 산의 전모를 본 적이 있나요?

전부 全部 quánbù

명사 전부. 전체. 모두.

형용사 전부의. 전체의. 모두의. 전반의.

我爱你的全部，包括缺点。
나는 결점을 포함해서 당신의 전부를 사랑합니다.

chuán 전할 전

전단 传单(傳單) chuándān

명사 전단(지).

这条街每天都有人发传单。
이 길에는 매일 전단지를 뿌리는 사람이 있다.

전염 传染(傳染) chuánrǎn

동사 전염하다. 감염하다. 옮다.

有些病是会传染的。
어떤 질병들은 전염될 수 있다.

전통 传统(傳統) chuántǒng

명사 전통.

형용사 전통적이다. 역사가 유구한.

　　　　대대로 전해진.

很多传统习惯在一点点地消失。
많은 전통적인 풍습들이 아주 조금씩 소실되어 간다.

전파 传播(傳播) chuánbō

동사 전파하다. 널리 퍼뜨리다.

　　　　유포하다. 널리 보급하다.

这个消息传播得很快。
이 소식은 매우 빠르게 퍼져나갔다.

전파 传达(傳達) chuándá

〔동사〕 전하다. 전달하다.

歌声传达了我们的情意。

노래 소리는 우리의 마음을 전달했다.

전설 传说(傳說) chuánshuō

〔명사〕 전설.

这个故事只是一个传说。

이 이야기는 단지 전설일 뿐이다.

전수 传授(傳授) chuánshòu

〔동사〕 (학문·기예 등을 다른 사람에게)

전수하다. 가르치다.

他传授了我们很多知识。

그는 우리에게 많은 지식을 전수했다.

消失 xiāoshī 〔동사〕 (사물이나 사물의 기능이) 소실되다. 없어지다. 사라지다.
情意 qíngyì 〔명사〕 정. 감정. 호의. 애정.

专

zhuān

오로지 **전**

전용 专用(專用) zhuānyòng

동사 전용하다.

这是经理专用的车。
이것은 사장님 전용 차이다.

전심 专心(專心) zhuānxīn

형용사 전심전력하다. 전념하다.
　　　　몰두하다. 열중하다.

你学习的时候要专心。
너는 공부할 때 전념해야 한다.

전문 专门(專門) zhuānmén

부사 전문적으로. 오로지.

형용사 전문적이다.

他专门研究文字学。
그는 전문적으로 문자학을 연구한다.

ㅈ

diǎn 법 전

勤劳致富 qínláozhìfù 부지
런히 노력하여 부자가 되다.

전형 典型 diǎnxíng

명사 대표적인 인물〔일〕.

형용사 전형적인. 전형.

他是当地勤劳致富的典型。
그는 현지에서 열심히 일해 부자가 된
전형적인 인물이다.

jié 마디 절

节约用水 jiéyuēyòngshuǐ 생
활용수를 절약하다.
减肥 jiǎnféi 〔동사〕 살을 빼다.
감량하다. 체중을 줄이다.

절약 节约(節約) jiéyuē

동사 절약하다. 줄이다. 아끼다.

형용사 검소하다. 검약하다. 소박하다. 간소하다.

大家平时一定要节约用水。
모두 평상시에 반드시 생활용수를 절약해야 한다.

절제 节制(節制) jiézhì

동사 절제(제한·컨트롤(control)·조절·통제)하다.

他想用节制饮食来减肥。
그는 음식을 절제해서 다이어트를 하고자 한다.

jué 끊을 절

절교 绝交(絕交) juéjiāo

동사 절교하다. 관계(교제·왕래)를 끊다.

(국가 간에) 단교하다. 외교 관계를 끊다.

我早就跟他绝交了。

나는 일찌감치 그와 절교했다.

절망 绝望(絕望) juéwàng

명사 절망.

동사 절망하다.

生活让我感到很绝望。

생활이 나를 매우 절망하게 만든다.

절대 绝对(絕對) juéduì

형용사 절대적인. 무조건적인. 무제한적인.

你绝对不能错过这次机会。

당신은 이번 기회를 절대 놓쳐서는 안 된다.

早就 zǎojiù 〔부사〕벌써. 오래전에. 일찌감치. 이미. 진작.

错过 cuòguò 〔동사〕(시기나 대상을) 놓치다. 엇갈리다.

jiàn 스며들 점

점점 渐渐(漸漸) jiànjiàn

부사 점점. 점차.

天渐渐地黑了。
날이 점점 어두워진다.

jiē 이을 접

접견 接见(接見) jiējiàn

동사 접견하다. 만나다.

中国总理接见了访问团。
중국 총리는 방문단을 접견했다.

접촉 接触(接觸) jiēchù

동사 접촉하다. 접근하다. 닿다.

他接触了很多有名的人物。
그는 많은 유명한 인물과 접촉했다.

접대 接待 jiēdài

동사 접대하다. 응접하다. 영접하다.

他热情地接待了远方的客人。
그는 멀리서 온 손님을 열정적으로 접대했다.

精

jīng 정할 정

정교 精巧(精巧) jīngqiǎo

형용사 정교하다.

这是一个很精巧的设计。
이것은 매우 정교한 설계이다.

정력 精力(精力) jīnglì

명사 정력. 정신과 체력.

上课时你要集中精力。
수업할 때 너는 정신과 체력을 집중해야 한다.

정밀 精密(精密) jīngmì

형용사 정밀하다.

这个仪器很精密。
이 기기는 매우 정밀하다.

정통 精通(精通) jīngtōng

동사 정통하다. 통달하다.

他精通五国语言。
그는 5개국 언어에 정통하다.

精

정화 精华(精華) jīnghuá

명사 정화. 정수.

这是民族文化的精华。
이것은 민족 문화의 정수이다.

정수 精神(精神) jīngshén

명사 정신.

他受到了精神上的打击。
그는 정신적인 타격을 입었다.

受到 shòudào 〔동사〕견디다. 받다. 입다.
打击 dǎjī 〔동사〕타격을 주다.

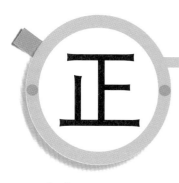

zhèng 바를 정

정당 正当(正當) zhèngdàng

형용사 정당하다.

我提的是正当的要求。
내가 제시한 것은 정당한 요구이다.

정상 正常 zhèngcháng

형용사 정상적인.

最近的天气不太正常。
최근의 날씨는 그다지 정상적이지 않다.

정식 正式 zhèngshì

형용사 정식의. 공식의. 정규의.

下午将进行正式的比赛。
오후에 정식 경기가 진행될 것이다.

ㅈ

정의 正义(正義) zhèngyì

정명사 정의.

형용사 정의로운.

我们支持正义的战争。
우리는 정의로운 전쟁을 지지한다.

정직 正直(正直) zhèngzhí

형용사 정직하다.

他这个人很正直。
그라는 사람은 매우 정직하다.

정확 正确(正確) zhèngquè

형용사 정확하다. 올바르다.

他觉得他的观点很正确。
그는 그의 관점이 매우 정확하다고 생각한다.

进行 jìnxíng 〔동사〕 진행하다.

观点 guāndiǎn 〔명사〕 관점. 견지(見地). 견해.

情

qíng 뜻 정

정보 情报(情報) qíngbào

명사 정보.

这些情报你是怎么知道的?
이런 정보들은 당신은 어떻게 알게 되었나요?

정세 情势(情勢) qíngshì

명사 정세. 추세. 정황.

现在的情势对我们不太好。
현재의 정세가 우리에게 별로 좋지 않다.

정량 情况(情況) qíngkuàng

명사 상황. 정황. 형편. 사정.

这个病人的情况怎么样了?
이 환자의 상황은 어떻습니까?

정서 情绪(情緒) qíngxù

명사 정서. 감정. 마음. 기분.

你要照顾一下孩子的情绪。
당신은 아이의 감정을 좀 고려해야 해요.

ㅈ

zhěng 가지런할 정

정리 整理 zhěnglǐ

[동사] 정리하다.

把你的房间整理一下。
너의 방을 좀 정리해라.

tíng 머무를 정

정차 停车(停車) tíngchē

[동사] 차량을 주차하다.

我找不到停车的地方。
나는 주차할 곳을 찾지 못했다.

정지 停止 tíngzhǐ

[동사] 멈추다. 정지하다. 중지하다.

孩子的哭声终于停止了。
아이의 울음소리가 마침내 멈췄다.

정체 停滞(停滯) tíngzhì

[동사] 정체되다. 막히다. 침체하다.

车辆突然停滞不走了。
차량이 갑자기 정체되어 움직이지 않았다.

政

zhèng 정사 **정**

정책 政策 zhèngcè

명사 정책.

很多政策都不是绝对的。
많은 정책이 모두 절대적인 것은 아니다.

정치 政治 zhèngzhì

명사 정치.

我对政治不感兴趣。
나는 정치에 대해 관심이 없다.

정부 政府 zhèngfǔ

명사 정부.

市民对政府很失望。
시민은 정부에 대해 매우 실망했다.

정권 政权(政權) zhèngquán

명사 정권.

他想掌握所有的政权。
그는 모든 정권을 장악하고자 한다.

ㅈ

失望 shīwàng 〔동사〕 실망하다. 희망을 잃다.

掌握 zhǎngwò 〔동사〕 장악하다. 통제하다. 지배하다.

提

tí 끌 제

제고 提高 tígāo

동사 제고하다. 향상시키다.
높이다. 끌어올리다.

他的汉语水平提高了很多。
그의 중국어 실력은 아주 많이 향상되었다.

제공 提供 tígòng

동사 제공하다. 공급하다. 내놓다.

这里为我们免费提供饮食。
이곳은 우리들을 위해 음식을 무료로 제공해준다.

제창 提倡 tíchàng

동사 제창하다.

大家都应该提倡勤俭节约。
모두들 근검절약을 제창해야 한다.

勤俭 qínjiǎn 〔형용사〕근검하다. 부지런하고 알뜰하다.
节约 jiéyuē 〔동사〕절약하다. 줄이다. 아끼다.

制

zhì 지을 제

제도 制度 zhìdù

명사 제도. 규칙. 규정.

公司的制度太多了，让人受不了。
회사의 제도가 너무 많아서 정말 못 견디겠다.

제작 制作(製作) zhìzuò

동사 제작(제조)하다. 만들다. 창작(저작)하다.

这个产品的制作过程很复杂。
이 제품의 제작과정은 매우 복잡하다.

제정 制定 zhìdìng

동사 제정하다. 작성하다. 확정하다.

公司制定了很多规章制度。
회사가 많은 규정을 제정했다.

제조 制造(製造) zhìzào

동사 제조하다. 만들다.

这种化妆品是由韩国制造的。
이런 종류의 화장품은 한국에서 제조했다.

复杂 fùzá (형용사) (사물의 송류나 두서가) 복잡하다.
规章制度 guīzhāngzhìdù 규정.

tí 제목 제

제목 **题目**(題目) tímù

명사 제목. 표제. 테마. 문제.

今天的题目是什么?
오늘의 제목은 무엇입니까?

diào / tiáo

조사할 조

조사 **调查**(調查) diàochá

동사 조사하다.

这次的调查结果怎么样?
이번 조사 결과는 어떻습니까?

조절 **调节**(調節) tiáojié

동사 조절하다.

请您调节一下室内的温度，可以吗?
실내 온도를 좀 조절해 주실 수 있나요?

조정 **调整**(調整) tiáozhěng

동사 조정하다. 조절하다.

我该怎么调整自己的心态?
나는 스스로의 심리상태를 어떻게 조절해야 하는가?

心态 xīntài〔명사〕심리 상태.

124

tiáo 가지 **조**

执行 zhíxíng 〔동사〕 집행하다.
수행하다. 실행하다. 실시하다.

조약 **条约**(條約) tiáoyuē

〔명사〕 조약.

你能够执行这份条约吗?
당신은 이 조약을 집행할 수 있습니까?

조건 **条件**(條件) tiáojiàn

〔명사〕 조건.

你不要和我提条件。
너는 나에게 조건을 내걸지 마라.

zhù 도울 **조**

조수 **助手** zhùshǒu

〔명사〕 조수.

他是我的助手。
그는 나의 조수이다.

ㅈ

zūn 높을 존

존경 **尊敬**(尊敬) zūnjìng

동사 존경하다.

我们都应该尊敬老师。
우리들은 모두 선생님을 존경해야 한다.

존중 **尊重**(尊重) zūnzhòng

동사 존중하다.

法律 fǎlǜ 〔명사〕 법률.

我们必须尊重国家法律。
우리는 반드시 국가 법률을 존중해야 한다.

cún 있을 존

존재 **存在** cúnzài

명사 존재. 동사 존재하다.

有些传说是不存在的。
어떤 전설들은 존재하지 않는다.

126

zhǒng 씨앗 종

종류 种类(種類) zhǒnglèi

명사 종류.

这个商店的商品种类很多。
이 상점의 상품은 종류가 매우 많다.

종족 种族(種族) zhǒngzú

명사 종족. 인종.

不希望这里有种族歧视。
이곳에 인종 차별이 있기를 바라지 않는다.

종자 种子(種子) zhǒngzi

명사 종자. 열매. 씨(앗).

这是我们新发明的种子。
이것은 우리가 새롭게 발명한 종자이다.

歧视 qíshì〔명사, 동사〕경시(하다). 차별 대우(하다).

zhōng 마칠 종

烦恼 fánnǎo 〔형용사〕 번뇌하다. 걱정하다. 마음을 졸이다.

종신 终身(終身) zhōngshēn

명사 일생. 평생. 종신. (여자의) 혼인 대사.

妈妈最近总是为我的终身大事烦恼。
엄마는 요즘 계속 나의 결혼 때문에 걱정하신다.

종점 终点(終點) zhōngdiǎn

명사 종착점. 종점.

我们马上就到终点了。
우리는 곧 종점에 도착한다.

cóng 따를 종

法律 fǎlǜ 〔명사〕 법률.

종전 从前(從前) cóngqián

명사 이전. 종전. 옛날.

她和从前一样漂亮。
그녀는 종전과 같이 예뻤다.

종사 从事(從事) cóngshì

동사 종사하다. 몸담다.

他从事法律方面的工作。
그는 법률 방면의 일에 종사하고 있다.

128

综

zōng 모을 종

종합 综合(綜合) zōnghé

동사 종합하다. 통괄하다. 총괄하다.

你的综合成绩是多少?
당신의 종합 성적은 얼마입니까?

挫

cuò 꺾을 좌

좌절 挫折 cuòzhé

명사 좌절. 실패.

동사 좌절시키다. 패배시키다.

要想成功不要怕有挫折。
성공하고자 한다면 좌절을 두려워하지 마라.

怕 pà 「동사」 무서워하다. 두려워하다.

ㅈ

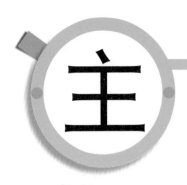

zhǔ 주인 **주**

주권 主权(主權) zhǔquán

명사 주권.

每个国家都要拥有自己的主权。
모든 국가는 자기의 주권을 가지고 있어야 한다.

주석 主席 zhǔxí

명사 주석. 위원장.

他是我们国家的主席。
그는 우리 나라의 주석이다.

주요 主要 zhǔyào

형용사 주요한. 주된.

부사 주로. 대부분.

这本书的主要内容是什么?
이 책의 주요 내용은 무엇입니까?

주인공 主人公 zhǔréngōng

명사 주인공.

这部电视剧的主人公很有名。
이 드라마의 주인공은 매우 유명하다.

주임 主任 zhǔrèn

명사 주임. 장.

你们的主任很年轻。
당신들의 주임은 매우 젊다.

주제 主题(主題) zhǔtí

명사 주제. 주지.

这次会议的主题是什么?
이번 회의의 주제는 무엇입니까?

拥有 yōngyǒu 〔동사〕 보유하다. 소유하다. 가지다. 지니다.

周 zhōu 돌 주

주년 周年 zhōunián

명사 주년.

今天是我们结婚三十周年纪念日。
오늘은 우리 결혼 30주년 기념일이다.

주도 周到 zhōudào

형용사 세심하다. 치밀하다. 꼼꼼하다. 빈틈없다.

这家饭店的服务很周到。
이 호텔의 서비스는 매우 세심하다.

주변 周边(周邊) zhōubiān

명사 주변. 주위.

买房子的时候，我更注重周边环境。
집을 살 때에, 나는 주변 환경을 더 중시한다.

주위 周围(周圍) zhōuwéi

명사 주위. 주변.

我家周围连超市都没有。
우리 집 주변에는 슈퍼마켓 조차도 없다.

주말 周末(週末) zhōumò

명사 주말.

这个周末你打算做什么?
이번 주말 너는 무엇을 할 생각이니?

注重 zhùzhòng 〔동사〕 중시하다. 중점을 두다.

注 zhù 부을 주

주목 注目 zhùmù

동사 주목하다. 주시하다.

他的表现很引人注目。
그의 활약은 사람들의 주목을 끌었다.

주시 注视(注視) zhùshì

동사 주시하다. 주의 깊게 살피다.
　　　깊은 관심을 갖다.

我注视他很长时间没有说话。
나는 그가 오래 동안 말을 하지 않는 것을 주시했다.

주의 注意 zhùyì

동사 주의하다. 조심하다.

请大家注意，比赛现在开始。
모두 주의해 주세요. 경기가 지금 시작합니다.

引人注目 yǐnrénzhùmù 〔성어〕 사람들의 주목〔이목〕을 끌다.

jiǔ 술 주

주량 酒量 jiǔliàng

명사 주량.

他的酒量非常好。
그의 주량은 대단히 좋다.

zūn 지킬 준

준수 遵守(遵守) zūnshǒu

동사 준수하다. 지키다.

希望你们能够遵守约定。
당신들이 약정을 준수할 것을 바란다.

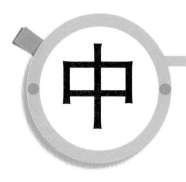

zhōng 가운데 중

중단 中断(中斷) zhōngduàn

동사 중단하다. 중단되다. 끊다. 끊기다.

因为下雨，演唱会不得不中断。
비가 내리기 때문에, 콘서트를 어쩔 수 없이 중단했다.

중도 中途(中途) zhōngtú

명사 중도. 도중.

开会的时候不许中途退场。
회의할 때, 중간에 퇴장하는 것을 허용하지 않는다.

중앙 中央 zhōngyāng

명사 중앙.

房间的中央有一张桌子。
방 중앙에 테이블이 하나 있다.

중립 中立 zhōnglì

명사 중립. 중도.

동사 중립하다. 중립을 지키다.

妈妈一直是中立的态度。
엄마는 줄곧 중립적인 태도이시다.

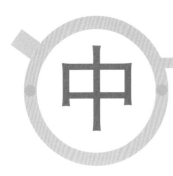

중지 中止 zhōngzhǐ

동사 중지하다. 중단하다.

这次活动被中止了。

이번 활동은 중지되었다.

중개 中介(仲介) zhōngjiè

명사 매개.

동사 중개하다. 매개하다.

这是一家不错的中介公司。

여기는 괜찮은 중개 회사이다.

중심 中心 zhōngxīn

명사 한가운데. 중심. 복판.

핵심. 사물의 주요 부분.

我的工作是我生活的中心。

나의 일은 내 생활의 중심이다.

演唱会 yǎnchànghuì 〔명사〕 음악회. 콘서트.

不得不 bùdébù 〔부사〕 어쩔 수 없이. 부득이하게.

不许 bùxǔ 〔동사〕 허락하지 않다. …해서는 안 된다.

136

zhòng 무거울 **중**

중대 重大 zhòngdà

형용사 중대하다. 무겁고 크다.

最近有什么重大的新闻吗?
최근에 무슨 중대한 뉴스가 있습니까?

중시 重视(重視) zhòngshì

동사 중시하다. 중요시하다.

父母特别重视孩子的分数。
부모는 아이의 점수를 특히 중요시한다.

중요 重要 zhòngyào

형용사 중요하다.

这件事情对我来说很重要。
이 일은 나에게 있어 매우 중요하다.

중책 重责(重責) zhòngzé

명사 중책. 중대한 책임.

只有他才能身负重责。
그 만이 중책을 감당할 수 있다.

중점 重点(重點) zhòngdiǎn

명사 중점.

这是我们今天学习的重点。
이것은 우리가 오늘 학습한 중점이다.

중량 重量 zhòngliàng

명사 중량. 무게.

这个箱子的重量是多少?
이 상자의 중량은 얼마입니까?

身负重责 shēnfùzhòngzé
중책을 맡다.

chóng 거듭 중

중복 重复(重複) chóngfù

동사 (같은 일을) 반복하다.
되풀이하다. 다시 하다.

형용사 (같은 것이) 중복되다.

你可以再重复一遍吗?
당신은 다시 한번 반복해 주실 수 있습니까?

增

zēng 보탤 증

증가 增加(增加) zēngjiā

동사 증가하다. 더하다. 늘리다.

现在买车的人逐渐增加。

현재 차를 사는 사람은 점차 증가한다.

증진 增进(增進) zēngjìn

동사 증진하다. 증진시키다.

让你们见面是为了你们能互相增进了解。

너희를 만나게 하는 것은 너희들이 서로 이해를
증진할 수 있도록 하기 위한 것이다.

증강 增强(增强) zēngqiáng

동사 증강하다. 강화하다. 높이다.

你要增强身体的免疫力。

당신은 몸의 면역력을 높여야 해요.

逐渐 zhújiàn 〔부사〕 점점. 점차.

免疫力 miǎnyìlì 〔명사〕 면역력.

证

zhèng 증명할 증

증서 **证书**(證書) zhèngshū

[명사] 증서. 증명서.

这是我的大学毕业证书。
이것은 나의 대학 졸업 증서이다.

증거 **证据**(證據) zhèngjù

[명사] 증거.

你有什么证据吗?
당신은 무슨 증거가 있습니까?

증명 **证明**(證明) zhèngmíng

[명사] 증명. 증명서.
[동사] 증명하다.

我可以证明他是无辜的。
나는 그가 무고하다는 것을 증명할 수 있다.

无辜 wúgū [형용사] 무고하다. 죄가 없다.

地

dì 땅 지

지구 地区(地區) dìqū

명사 지역. 지구.

这个地区的高山特别多。
이 지역의 고산은 특히 많다.

지역 地域 dìyù

명사 지역.

你知道我们地域的文化特点吗?
당신은 우리지역의 문화 특징을 아시나요?

지위 地位 dìwèi

명사 지위. 위치.

他在这个公司很有地位。
그는 이 회사에서 지위가 있다.

지리 地理 dìlǐ

명사 지리. 지리학.

这里的地理有点复杂。
여기의 지리는 좀 복잡하다.

ㅈ

지도 地图(地圖) dìtú

명사 지도.

你有这里的地图吗?

당신은 여기의 지도를 가지고 있습니까?

지구 地球 dìqiú

명사 지구.

我们都生活在地球上。

우리는 모두 지구에서 생활한다.

지점 地点(地點) dìdiǎn

명사 지점. 장소.

我忘记了约会的地点。

나는 약속한 장소를 잊어버렸다.

智

zhì 지혜 **지**

지능 智能 zhìnéng

명사 지능.

형용사 지능이 있는. 지능을 갖춘.

现在智能产品越来越多了。
현재 스마트 제품이 점점 더 많아지고 있다.

지혜 智慧(智慧) zhìhuì

명사 지혜.

她是一个很有智慧的人。
그녀는 매우 지혜로운 사람이다.

zhǐ 가리킬 지

지도 指导(指導) zhǐdǎo

（동사） 지도한다. 이끌어 주다.

她指导护士们练习打针。
그녀는 간호사들에게 주사 연습을 지도한다.

지정 指定 zhǐdìng

（동사） (사전에 사람·시간·장소 등을)
지정하다. 확정하다.

把东西放在指定的位置上。
물건을 지정한 위치에 두세요.

지시 指示 zhǐshì

（명사） 지시. 명령.

（동사） 가리키다. 지시하다. 명령을 내리다.

按照领导的指示去做。
리더의 지시에 따라 하세요.

지휘 指挥(指揮) zhǐhuī

（명사） 지휘자.

（동사） 지휘하다.

你应该到现场去指挥。
당신은 현장에 가서 지휘해야 합니다.

按照 ànzhào 〔개사〕 …에 의
해. …에 따라.
领导 lǐngdǎo 〔명사〕 지도자.
리더. 보스(boss). 책임자.

144

持

chí 가질 지

지속 持续(持續) chíxù

(동사) 지속하다.

这场雨持续了好几天。
이 비는 요 며칠 지속되었다.

支

zhī 지탱할 지

지원 支援 zhīyuán

(동사) 지원하다.

我们要支援有困难的地方。
우리는 어려움이 있는 곳을 지원해야 한다.

지출 支出 zhīchū

(명사) 지출.

(동사) 지출하다.

我们每个月的支出是多少?
우리의 메일 지출은 얼마입니까?

zhí 직업 직

升高 shēnggāo 〔동사〕 위로
오르다. 높이 오르다.

직업 职业(職業) zhíyè

명사 직업.

每个职业都有它的特点。
모든 직업은 다 그것의 특성이 있다.

직위 职位(職位) zhíwèi

명사 직위.

他的职位升高了。
그의 직위가 높아졌다.

zhí 곧을 직

上升 shàngshēng 〔동사〕 상승
하다. 위로 올라가다.

직접 直接(直接) zhíjiē

형용사 직접적인.

我想把礼物直接给她。
나는 선물을 그에게 직접 전해주고 싶다.

직선 直线(直線) zhíxiàn

명사 직선.

工厂的产量正在直线上升。
공장의 생산량이 직선으로 상승하고 있다.

jìn 나아갈 **진**

진보 进步(進步) jìnbù

명사 진보.

동사 진보하다.

형용사 진보적이다.

他最近学业进步很大。

그는 최근 학업이 많이 진보했다.

진입 进入(進入) jìnrù

동사 들다. 진입하다.

不许带狗进入这个公园。

강아지를 데리고 이 공원에 들어가서는 안 된다.

진전 进展(進展) jìnzhǎn

명사 진전.

동사 진전하다. 진행하다. 진보하다. 발달하다.

这件事情有什么进展吗?

이 일은 무슨 진전이 있습니까?

진행 进行(進行) jìnxíng

동사 진행하다.

即使下雨也要照样进行。

설령 비가 온다고 하너라노 변함없이 진행한다.

照样 zhàoyàng 〔부사〕 여전히. 변함없이.

zhēn 보배 진

진귀 珍贵(珍貴) zhēnguì

동사 아끼고 사랑하다.

　　　 진귀하게 여기다. 중시하다.

형용사 진귀하다. 귀중하다.

这个礼物是最珍贵的。

이 선물은 가장 귀중한 것이다.

진주 珍珠 zhēnzhū

명사 진주.

我很喜欢珍珠项链。

나는 진주 목걸이를 매우 좋아한다.

zhēn 참 진

진상 真相(眞相) zhēnxiàng

명사 진상.

你知道这件事的真相吗?
당신은 이 일의 진상을 알고 있습니까?

진실 真实(眞實) zhēnshí

형용사 진실하다.

这是一个真实的故事。
이것은 하나의 진실된 이야기이다.

진리 真理(眞理) zhēnlǐ

명사 진리.

不要太追求真理。
진리를 너무 추구하지 마라.

追求 zhuīqiú 〔동사〕 추구하다. 탐구하다.

zhèn 진동할 진

진동 振动(振動) zhèndòng

동사 진동하다.

我把手机调成振动了。

나는 휴대폰을 진동으로 조정했다.

zhì 성질 질

질량 质量(質量) zhìliàng

명사 질량. (생산품이나 일의) 질. 품질.

一定要保障产品的质量。

제품의 품질을 반드시 보장해야 한다.

保障 bǎozhàng 〔동사〕 (생명·재산·권리 등을) 보장하다. 보증하다.

jí 병 질

질병 疾病 jíbìng

명사 병. 질병.

这是一种传染疾病。
이것은 일종의 전염병이다.

jí 시기할 질

질투 嫉妒(嫉妬) jídù

동사 질투하다. 시기하다.

每个人都有嫉妒别人的心理。
사람마다 모두 다른 사람을 질투하는 심리가 있다.

zhì 차례 질

秩

질서 秩序 zhìxù

명사 질서.

警察在街上维持秩序。
경찰은 거리에서 질서를 유지한다.

维持 wéichí 〔동사〕 유지하다. 지키다.

集

jí 모을 집

집중 集中 jízhōng

〔동사〕 집중하다. 모으다. 집중시키다. 집중되다.

〔형용사〕 집중된. 전심전력의. 집결된.

上课的时候一定要集中精力学习。

수업할 때 반드시 정신을 집중해서 공부해야 한다.

집합 集合 jíhé

〔명사〕 집합.

〔동사〕 집합하다. 모으다. 집중시키다. 집합시키다.

明天早上七点准时集合。

내일 오전 7시 정시에 집합한다.

집단 集团(集團) jítuán

〔명사〕 집단. 단체. 무리.

这是一个很大的走私集团。

이것은 매우 큰 밀수 집단이다.

准时 zhǔnshí 〔부사〕 정시에. 제때에.

走私 zǒusī 〔동사〕 밀수하다.

zhí 잡을 **집**

집행 执行(執行) zhíxíng

동사 집행하다. 수행하다.

실행하다. 실시하다.

大家立刻执行这个计划。

모두 이 계획을 즉시 실시한다.

집착 执着(執着) zhízhuó

동사 집착하다. 끈기 있다.

끝까지 추구하다. 끈덕지게 하다.

不要对这件事情太过执着。

이 일에 대해 너무 집착하지 마세요.

太过 tàiguò〔형용사〕분에 넘치다. 너무 지나치다.

chā 다를 **차**

차이 差异(差異) chāyì

명사 차이. 다른 점.

人与人之间总是有差异的。
사람과 사람 사이에는 늘 차이가 있다.

zàn 칭찬할, 도울 **찬**

찬성 赞成(贊成) zànchéng

동사 찬성하다. 찬동하다. 동의하다.

我不赞成他的提议。
나는 그의 제의에 찬성하지 않는다.

提议 tíyì 〔명사〕 제의

cān 참가할 **참**

참고 参考(參考) *cānkǎo*

동사 참고하다. 참조하다.

这是一些参考资料，您看一下。
이것은 참고 자료입니다. 한번 보세요.

참관 参观(參觀) *cānguān*

동사 참관하다. 견학하다. 시찰하다.

下周我要去博物馆参观。
다음주에 나는 박물관 견학을 가야 한다.

참가 参加(參加) *cānjiā*

동사 참가하다. 가입하다. 참여하다. 참석하다.

我明天参加朋友的婚礼。
나는 내일 친구의 결혼식에 참석해야 한다.

참여 参与(參與) *cānyù*

동사 참여하다. 참가하다. 가담하다. 개입하다.

这件事我们都参与了。
이 일에 우리는 모두 참여했다.

cán 부끄러울 **참**

참괴 惭愧(慙愧) *cánkuì*

형용사 부끄럽다. 창피하다. 송구스럽다.

没有做好工作我感到非常惭愧。

일을 제대로 하지 못하면
나는 굉장히 부끄럽게 느껴진다.

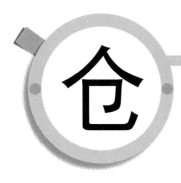

cāng 창고 **창**

창고 仓库(倉庫) *cāngkù*

명사 창고. 곳간. 식량 창고.

这些都放到仓库保管吧。

이것들 모두 창고에 놓고 보관해라.

保管 *bǎoguǎn* 〔동사〕 보관하다.

chuàng 시작할 **창**

창조 创造(創造) chuàngzào

명사 창조물. 발명품. 발명의 성과.

동사 창조하다. 만들다. 발명하다.

我们要为孩子们创造良好的条件。
우리는 아이들을 위해 좋은 조건을 만들어야 한다.

창작 创作(創作) chuàngzuò

동사 (문예 작품을) 창작하다.

他创作的小说很受欢迎。
그가 창작한 소설은 매우 인기 있다.

창립 创立(創立) chuànglì

동사 창립하다. 창설하다. 창건하다. 새로 세우다.

这家公司是他爸爸创立的。
이 회사는 그의 아버지가 창립한 것이다.

창업 创业(創業) chuàngyè

동사 창업하다.

开始创业的时候很难。
창업을 시작할 때가 매우 어렵다.

창간 创刊(創刊) chuàngkān

동사 (간행물을) 창간하다.

这本杂志创刊于1986年
이 잡지는 1986년에 창간되었다.

良好 liánghǎo 〔형용사〕 좋다. 양호하다.
受欢迎 shòuhuānyíng 인기 있다. 환영 받다.

chǔ 곳 처

처리 处理(處理) chǔlǐ

동사 처리하다. (사물을) 안배하다.
(문제를) 해결하다.

这件事怎么处理?
이 일은 어떻게 처리합니까?

天

tiān 하늘 천

천부 天赋(天賦) tiānfù

명사 타고난 자질

동사 천부적이다. 타고나다.

这个孩子很有天赋。

이 아이는 천부적인 자질을 가지고 있다.

천생 天生 tiānshēng

형용사 타고난. 선천적인.

자연적으로 생긴. 천성적인.

我们天生都有自己的长处和才能。

우리는 모두 타고난 자기의 장점과 재능이 있다.

천연 天然 tiānrán

형용사 자연의. 천연의. 자연적인. 자연 그대로의

这是一个天然宝石。

이것은 천연 보석이다.

천재 天才 tiāncái

명사 천재. 천부적인 재능. 특출한 지혜.

每个家长都希望自己的孩子成为天才。

모든 학부모들은 자기의 아이가 천재가 되기를 바란다.

천하 天下 tiānxià

명사 천하. 세계. 온 세상. 국가의 정권. 통치권.

他希望有一天能够统一天下。

그는 어느 날 천하를 통일할 수 있기를 바라고 있다.

천진 天真(天眞) tiānzhēn

형용사 천진하다. 순진하다. 꾸밈이 없다.

这个孩子真是太天真了。

이 아이는 정말로 너무 천진하다.

천문 天文 tiānwén

명사 천문. 천문학.

他对天文方面感兴趣。

그는 천문학 방면에 흥미가 있다.

천당 天堂 tiāntáng

명사 천당. 천국. 극락.

每个人都向往天堂。

모든 사람들은 천당을 동경한다.

ㅊ

长处 chángchu 〔명사〕 장점. 우수한 점.

向往 xiàngwǎng 〔동사〕 열망하다. 갈망하다. 동경하다.

chè 통할 철

철저 彻底(徹底) chèdǐ

〔형용사〕 철저하다. 철저히 하다.

我彻底被他征服了。

나는 철저하게 그에게 정복당했다.

征服 zhēngfú 〔동사〕 정복하다. 굴복시키다.

jiān 뾰족할 첨

첨단 尖端 jiānduān

〔명사〕 첨단. 물체의 뾰족한 끝.

〔형용사〕 첨단의.

我们还有很多尖端的行业。

우리에게는 아직도 많은 첨단 업종이 더 있다.

qīng 푸를 청

청년 **青年**(靑年) qīngnián

명사 청년. 젊은이.

他很怀念青年时候的生活。
그는 청년시절의 생활을 매우 그리워한다.

청춘 **青春**(靑春) qīngchūn

명사 청춘

비유 아름다운 시절. 생기 넘치는 시기.

我们不要浪费自己的青春。
우리는 자신의 청춘을 낭비해서는 안 된다.

怀念 huáiniàn〔동사〕회상하다. 추억하다. 그리워하다.
浪费 làngfèi〔동사〕낭비하다. 허비하다. 헛되이 쓰다.

qīng 맑을 청

청순 清纯(清純) qīngchún

형용사 청순하다. 맑고 깨끗하다.

她的外貌长得很清纯。

그녀의 외모는 매우 청순하게 생겼다.

청결 清洁(清潔) qīngjié

형용사 깨끗하다. 청결하다

今天的路面很清洁。

오늘 길바닥이 매우 깨끗하다.

外貌 wàimào 〔명사〕외모. 용모
路面 lùmiàn 〔명사〕노면. 길바닥.

tǐ 몸 체

체격 体格(體格) tǐgé

명사 체격. 체형. 양식. 격식.

经过多年的锻炼，他的体格越来越好。
다년간의 단련을 통해, 그의 체격은 점점 더 좋아졌다.

체력 体力(體力) tǐlì

명사 체력. 힘.

我觉得最近体力越来越差了。
나는 최근 체력이 점점 더 나빠지는 것 같다.

체육 体育(體育) tǐyù

명사 체육. 스포츠. 운동.

今天我们有体育课。
오늘 우리는 체육 수업이 있다.

체제 体制(體制) tǐzhì

명사 체제. 형식. 격식. 제도. 체계.

这种教育体制是很重要的。
이런 체육 제도는 매우 중요하다.

체질 体质(體質) tǐzhì

명사 체질. 체력.

每个人的体质都不一样。
모든 사람의 체질이 다 다르다.

ㅊ

체험 体验(體驗) tǐyàn

명사 체험.

동사 체험하다.

我们一起去体验(体验)一下野外生活吧。
우리 함께 야외 생활을 체험하러 갑시다.

체현 体现(體現) tǐxiàn

명사 구현. 구체적인 표현.

동사 구현하다. 체현하다. 구체적으로 드러내다.

一个人的言行能体现他的教养。
한 사람의 말은 그의 교양을 드러낼 수 있다.

체형 体型(體型) tǐxíng

명사 체형. 인체의 유형. 몸매.

男性和女性的体型有显著区别
남성과 여성의 체형에는 현저한 차이가 있다.

言行 yánxíng 〔명사〕 언행. 말과 행동.

教养 jiàoyǎng 〔명사〕 교양

显著 xiǎnzhù 〔형용사〕 현저하다. 뚜렷하다. 두드러지다.

区别 qūbié 〔동사〕 구분하다. 나누다. 판별하다. 〔명사〕 구별. 차이.

cǎo 풀 초

초원 草原 cǎoyuán

명사 초원. 풀밭.

你想去草原旅游吗?

당신은 초원으로 여행을 가고 싶습니까?

ㅊ

jiāo 탈 초

초점 焦点(焦點) jiāodiǎn

명사 (문제나 관심사의) 초점. 집중.

　　　(카메라의) 포커스.

他是这件事情的焦点。

그는 이 일의 포커스이다.

促

cù 재촉할 촉

촉진 **促进**(促進) cùjìn

〔동사〕 촉진시키다. 촉진하다.

재촉하다. 독촉하다.

要用什么方式来促进经济发展呢?

어떤 방식으로 경제 발전을 촉진할 수 있습니까?

经济 jīngjì 〔명사〕 경제.

发展 fāzhǎn 〔동사〕 발전하다.

cōng 바쁠 총

총망 匆忙(悤忙) cōngmáng

형용사 매우 바쁘다. 총망하다.

我来得很匆忙，什么也没带。

내가 너무 바쁘게 오는 바람에 아무것도 못 가져왔네.

cōng 귀밝을 총

창고 聪明(聰明) cōngming

형용사 똑똑하다. 총명하다.
영리하다. 명민하다.

这个孩子很聪明。

이 아이는 매우 똑똑하다.

171

总

zǒng 모을 총

총체 **总体**(總體) zǒngtǐ

〔명사〕 총체. 전체.

总体上看，这是一个不错的产品。
전체적으로 봤을 때, 이것은 괜찮은 제품입니다.

총리 **总理**(總理) zǒnglǐ

〔명사〕 (국가의) 총리

我们国家的总理很关心人民的生活。
우리 나라의 총리는 국민의 생활에 매우 관심이 많다.

총재 **总裁**(總裁) zǒngcái

〔명사〕 (정당의) 총재. (기업의) 총수.

这位是我们公司的总裁。
이 분은 우리 회사의 총수이십니다.

총통 **总统**(總統) zǒngtǒng

〔명사〕 총통. 대통령.

你们国家的总统长得很帅。
당신네 나라의 대통령은 아주 잘 생기셨네요.

关心 guānxīn 〔동사〕 (사람 또는 사물에 대해) 관심을 갖다. 관심을 기울이다.

宠

chǒng 총애할 **총**

총애 **宠爱**(寵愛) chǒng'ài

동사 총애하다. 편애하다. 각별히 사랑하다.

父母最好不要太宠爱孩子。
부모는 아이를 너무 총애하지 않는 것이 가장 좋다.

ㅊ

最

zuì 가장 **최**

최근 最近(最近) zuìjìn

명사 최근. 요즈음. 일간.

형용사 가장 짧은. 가장 가까운.

最近发生了很多事情。

최근 많은 일들이 발생했다.

최초 最初 zuìchū

명사 최초. 처음. 맨 먼저. 맨 처음.

最初见你是什么时候?

너를 맨 처음 봤을 때가 언제였더라?

최후 最后(最後) zuìhòu

명사 최후. 제일 마지막. 끝.

형용사 최후의. 맨 마지막의.

我们一定要坚持到最后。

우리는 반드시 마지막까지 견지해야 한다.

최종 最终(最終) zuìzhōng

명사 최후. 최종. 맨 마지막. 끝.

这份方案最终由公司总裁决定。

이 방안은 최종적으로 회사 총수가 결정한다.

坚持 jiānchí 〔동사〕단호히 지키다. 견지하다. 고수하다. 고집하다.

推

tuī 밀 **추**, 밀 **퇴**

추천 **推荐**(推薦) tuījiàn

동사 추천하다. 천거하다. 소개하다.

我想推荐我朋友来这儿工作。
나는 내 친구가 여기 와서 일하도록 추천하고 싶다.

추측 **推测**(推測) tuīcè

동사 추측하다. 헤아리다.

你来推测一下比赛结果。
당신이 경기 결과를 추측해봐요.

추론 **推论**(推論) tuīlùn

명사 추론.

동사 추론하다.

你的推论是正确的。
당신의 추론은 정확했다.

추리 **推理** tuīlǐ

동사 추리(하다). 추론(하다).

这是一本推理小说。
이것은 한 권의 추리소설이다.

chōu 뽑을 추

추상 抽象 chōuxiàng

동사 추상하다.

형용사 추상적이다.

这个问题太抽象了，我不懂。

이 문제는 너무 추상적이라서 나는 이해가 안 된다.

qū 달릴 추

추세 趋势(趨勢) qūshì

명사 추세.

我们要追上时代的趋势。

우리는 시대의 추세를 따라가야 한다.

追上 zhuīshàng〔동사〕따라 잡다.

176

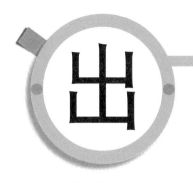

chū 날 **출**

출생 出生 chūshēng

（동사） 출생하다. 태어나다.

你是哪年出生的?
너는 어느 해에 태어났니?

출신 出身 chūshēn

（명사） 신분. 출신. （동사） 어떤 신분을 갖고 있다.

他是干部出身。
그는 간부 출신이다.

출자 出资(出資) chūzī

（동사） 출자하다. 투자하다.

他出资开办了一所医院。
그는 출자해서 병원을 개설했다.

출처 出处(出處) chūchù

（명사） 출처. 출로. 출구.

你知道这幅画的出处吗?
당신은 이 그림의 출처를 알고 있습니까?

출판 出版 chūbǎn

（동사） 출판하다. 발행하다 출간하다.

这本书是什么时候出版的?
이 책은 언제 출판되었습니까?

ㅊ

출현 出现(出現) chūxiàn

동사 출현하다. 나타나다.
　　　　만들어 내다. 생산해 내다.

你不要这么突然就出现，好吗?
당신 이렇게 갑자기 나타나고 그러지 마세요.

출발 出发(出發) chūfā

동사 출발하다. 떠나다.

我们明天什么时候出发?
우리 내일 언제 출발해요?

출구 出口 chūkǒu

명사 출구. 　**동사** 수출하다.

出口在哪儿?
출구가 어디입니까?

출석 出席 chūxí

동사 (회의에) 출석하다. 참석하다.

今天经理不能出席会议。
오늘 과장님은 회의에 참석하지 못하신다.

출중 出众(出衆) chūzhòng

형용사 출중하다. 뛰어나다.

她的长相很出众。
그녀는 용모가 출중하다.

开办 kāibàn 〔동사〕 (공장 · 학교 · 상점 등을) 개설하다. 창설하다. 설립하다. 창립하다. 개업하다.

冲

chōng 맞부딪칠 충

충격 冲击(衝擊) chōngjī

명사 충격.

这件事对他的冲击很大。

이 일은 그에게 큰 충격을 주었다.

충돌 冲突(衝突) chōngtū

명사 충돌.

동사 충돌하다.

他们发生了什么冲突?

그들에게 무슨 충돌이 발생했나요?.

충동 冲动(衝動) chōngdòng

명사 충동.

동사 격해지다. 흥분하다. 충동하다.

做事不要太冲动。

일 하는데 있어 너무 충동적이지 마라.

ㅊ

zhōng 충성 충

충고 **忠告** zhōnggào

명사 충고.

동사 충고하다.

你忘了他对你的忠告了吗?
당신은 그가 당신에게 한 충고를 잊었나요?

충성 **忠诚**(忠誠) zhōngchéng

형용사 충성하다. 충실하다.

军人对国家一定要忠诚。
군인은 국가에 대해 반드시 충성해야 한다.

chōng 채울 충

충만 充满(充滿) chōngmǎn

동사 충만하다. 넘치다. 가득 차다.

她的心里充满了喜悦。
그녀의 마음 속은 기쁨으로 충만했다.

충분 充分 chōngfèn

부사 힘껏. 십분. 충분히.

형용사 충분하다.

你必须给我一个充分的理由。
당신은 반드시 나에게 충분한 이유를 말해야 해요.

충족 充足 chōngzú

형용사 충분하다. 충족하다.

这个地区的雨水很充足。
이 지역의 빗물은 매우 충분하다.

충실 充实(充實) chōngshí

형용사 (주로 내용·인원·재력 등이) 충실하다. 충분하다. 풍부하다. 넘치다.

他现在生活很充实。
그는 현재 생활에 매우 충실하다.

喜悦 xǐyuè [형용사] 기쁘다. 즐겁다. 유쾌하다.

qǔ 가질 **취**

취소 取消(取消) qǔxiāo

동사 취소하다.

今天的会议取消了。
오늘의 회의는 취소되었다.

취득 取得 qǔdé

동사 취득하다. 얻다.

他去年取得了教师资格证书。
그는 작년에 교사 자격 증서를 취득했다.

jiù 이룰 **취**

취업 就业(就業) jiùyè

동사 취직하다. 취업하다.

现在就业越来越难了。
요즘 취업이 점점 더 어려워졌다.

zhì 다스릴 **치**

치료 治疗(治療) zhìliáo

동사 치료하다.

这个病需要治疗多长时间?
이 병은 치료하는데 얼마나 걸리나요?

치안 治安 zhì'ān

명사 치안.

北京的治安好了很多。
북경의 치안은 많이 좋아졌다

ㅊ

zhì 보낼 **치**

치명 致命 zhìmìng

동사 치명적이다. 죽을 지경에 이르다.

这个就是你致命的弱点。
이것이 바로 너의 치명적인 약점이다.

弱点 ruòdiǎn 〔명사〕 약점. 단점.

chǐ 부끄러워할 **치**

치욕 耻辱(恥辱) chǐrǔ

명사 치욕. 치욕스러운 일.

我永远也忘不了你给我的耻辱。

나는 네가 나에게 준 치욕을 영원히 잊을 수 없다.

永远 yǒngyuǎn 〔부사〕영원히. 길이길이. 언제까지나.

忘不了 wàngbuliǎo 〔동사〕잊을 수 없다. 잊지 못하다.

qīn 친할 **친**

친밀 亲密(親密) qīnmì

형용사 관계가 좋다. 사이가 좋다. 친밀하다.

他们俩的关系很亲密。
그들 둘의 관계는 매우 친밀하다.

친애 亲爱(親愛) qīn'ài

형용사 친애하다. 사랑하다.

亲爱的妈妈，您现在好吗?
사랑하는 엄마, 지금 잘 지내세요?

친절 亲切(親切) qīnqiè

형용사 친절하다. 친근하다. 친밀하다.

她对每个人都很亲切。
그녀는 모든 사람한테 매우 친절하다.

친척 亲戚(親戚) qīnqi

명사 친척.

我们家的亲戚非常多。
우리 집의 친척은 매우 많다.

친필 亲笔(親筆) qīnbǐ

명사 친필, 직접 쓴 글. **동사** 친필로 쓰다.

这是他的亲笔书信。
이것은 그가 친필로 쓴 서신입니다.

ㅊ

qī 옻 칠

칠흑 漆黑 qīhēi

형용사 칠흑같이 어둡다.
캄캄하다. 매우 까맣다.

关灯以后，屋里一片漆黑。
불을 끄고 나니까, 방안이 깜깜하다.

qīn 범할 침

침략 侵略 qīnlüè

동사 침략하다.

我们国家以前被侵略过。
우리 나라는 예전에 침략당한 적이 있다.

186

침범 侵犯 qīnfàn

동사 (불법적으로 타인의 합법적인 권리를)
침범하다. (타국의 영역을) 침범하다.

他侵犯了我的权利。
그는 나의 권리를 침범했다.

침해 侵害 qīnhài

동사 침해하다. 침범하여 피해를 끼치다.

请不要侵害公民权利。
국민의 권리를 침해하지 마세요.

침입 侵入 qīnrù

동사 (외부적인 혹은 유해한 것이) 침입하다.
파고들다. 스며들다.

他们的飞机侵入了我们的领土。
그들의 비행기는 우리의 영토에 침입했다.

权利 quánlì 〔명사〕 권리
公民 gōngmín 〔명사〕 국민. 공민.
领土 lǐngtǔ 〔명사〕 영토. 국토.

chén 가라앉을 **침**

침몰 沉没(沈沒) chénmò

동사 침몰하다. 가라앉다.

那条船很快就全部沉没了。
그 배는 매우 빠르게 전부 침몰했다.

침묵 沉默(沈默) chénmò

동사 침묵하다. 말을 하지 않다.

형용사 과묵하다. 말이 적다.

他沉默一下，然后接着说。
그는 잠시 침묵했다. 그리고 나서 이어서 말했다.

chēng 일컬을 **칭**

칭찬 称赞(稱讚) chēngzàn

동사 칭찬하다. 찬양하다.

老师称赞她的功课好。
선생님께서는 그녀의 성적이 좋다고 칭찬하셨다 .

kuài 쾌할 쾌

쾌락 **快乐**(快樂) kuàilè

형용사 즐겁다. 행복하다. 유쾌하다.

这段时间过得快乐吗?
그 동안 즐겁게 지냈어요?

쾌속 **快速**(快速) kuàisù

형용사 신속하다. 빠르다. 쾌속의.

请你快速给我个答复，好吗?
당신은 저에게 신속하게 답변해 주시겠습니까?

쾌감 **快感** kuàigǎn

명사 쾌감.

我们一起分享成功的快感。
우리는 함께 성공의 쾌감을 나누었다.

ㅋ

答复 dáfù 〔동사〕 (요구나 문제에 대해) 회답하다. 답변하다.
分享 fēnxiǎng 〔동사〕 (기쁨·행복·좋은 점 등을) 함께 나누다〔누리다〕.

tuǒ 온당할 **타**

타당 妥当(妥當) tuǒdang

형용사 타당하다. 알맞다. 온당하다.
적절하다. 적당하다.

你这句话说得不太妥当。
당신의 이 말씀은 그다지 타당하지 않습니다.

타협 妥协(妥協) tuǒxié

동사 타협하다. 타결되다.

我是不会向你妥协的。
나는 당신에게 타협하지 않을 것입니다.

ㅌ

tā 다를 타

타인 他人 tārén

명사 타인. 다른 사람. 남.

不要随便拿他人的东西。

타인의 물건을 함부로 가지지 마세요.

타향 他乡(他鄉) tāxiāng

명사 타향.

在他乡的生活很辛苦。

타향에서의 생활은 매우 고생스럽다.

随便 suíbiàn 〔부사〕마음대로. 함부로. 제멋대로. 그냥 편한 대로. 아무렇게나.

拿 ná 〔동사〕(손으로) 쥐다. 잡다. 가지다.

辛苦 xīnkǔ 〔형용사〕고생스럽다. 수고롭다. 고되다.

tài 모습 태

태도 态度(態度) tàidu

명사 태도.

她对每个人的态度都很好。

그녀는 모든 사람에 대한 태도가 매우 좋다.

tài 클 태

태평 太平 tàipíng

형용사 태평하다. 평안하다.

现在这个天下很太平。

현재 이 세상은 매우 태평하다.

태양 太阳(太陽) tàiyáng

명사 태양. 해.

太阳是从东方升起的。

태양은 동쪽에서 뜬다.

태후 太后 tàihòu

명사 태후.

她是清朝很有名的太后。

그녀는 청나라의 매우 유명한 태후이다.

升起 shēngqǐ 〔동사〕 떠오르다.

197

tǔ 토할 토

토로 吐露 *tǔlù*

동사 (사실이나 진삼을) 말하다.

토로하다. 털어놓다.

你必须要向他吐露真情。

당신은 반드시 그에게 실상을 토로해야 한다.

tǎo 칠 토

토론 讨论(討論) *tǎolùn*

동사 토론하다.

我们讨论一下这个企划案吧。

우리는 이 기획안을 토론해 봅시다.

企划 *qǐhuà* 〔동사〕 기획하다. 일을 꾸미다.

案 *àn* 〔명사〕 (건의안 · 계획안 · 방안 등의) 문건.

tǔ 흙 **토**

토목 土木 tǔmù

명사 토목. 토목 공사.

我考入了土木工程专业。
나는 토목공학과에 진학했다.

토산 土产(土産) tǔchǎn

명사 토산품. 지방 특산. 지방 특산물.

형용사 토산의. 그 고장의. 현지 산의.
특정 지역에서 나는.

这是我们家乡的土产。
이것은 우리 고향의 토산품이다.

토지 土地 tǔdì

명사 토지. 전답. 땅.

这些土地到底该给谁？
이 땅들을 도대체 누구에게 줘야 합니까?

ㅌ

tǒng 거느릴 **통**

통계 **统计**(統計) tǒngjì

명사 통계.

동사 통계하다. 합산하다. 합계하다.

把今年的开销统计一下。

올해의 지출을 합산 해보다.

통치 **统治**(統治) tǒngzhì

명사 통치.

동사 통치하다. 지배하다.

통제하다. 컨트롤하다.

他统治这个国家很久了。

그가 이 나라를 통치한 지 오래되었다.

통일 **统一**(統一) tǒngyī

동사 통일하다. 하나로 일치되다.

我们的意见是统一的。

우리들은 의견을 통일했다.

开销 kāixiāo 〔명사〕 비용. 지출. 씀씀이.

通

tōng 통할 통

통행 通行(通行) tōngxíng

동사 (사람. 차량 등)통행하다. 다니다.

(일정 범위 안에서) 보편적으로. 사용되다.

유통되다. 통용되다.

这条新路现在可以通行汽车。

이 새 길은 현재 자동차가 통행할 수 있다.

통화 通话(通話) tōnghuà

동사 통화하다. 서로 통하는 말로 대화하다.

明天我们再通话吧。

내일 우리는 다시 통화하자.

통화 通货(通貨) tōnghuò

명사 통화. 통용 화폐.

工人的收入赶不上通货膨胀。

노동자의 수입은 인플레이션을 따라가지 못하고 있다.

E

통용 通用(通用) tōngyòng

동사 (일정 범위 안에서) 보편적으로 사용하다.
통용되다. 유통되다. 두루 쓰이다.

英语在全世界都通用。
영어는 전세계에서 모두 통용된다.

통상 通常(通常) tōngcháng

명사 평상시. 보통. 통상.

형용사 보통이다. 일반적이다. 일상적이다.

你通常几点起床？
너는 보통 몇 시에 일어나니?

赶不上 gǎnbúshàng 〔동사〕 따라잡지 못하다. 쫓아가지 못하다.
通货膨胀 tōnghuòpéngzhàng 〔명사〕 통화팽창. 인플레이션.

tòng 아플 **통**

통곡 痛哭 tòngkū

동사 통곡하다. 목놓아 울다.

她听这个消息，痛哭了起来。
그녀는 이 소식을 듣고, 통곡하기 시작했다.

통쾌 痛快 tòngkuài

형용사 통쾌하다. 즐겁다. 기분 좋다. 유쾌하다.

他很痛快地答应了我们的条件。
그는 우리의 조건을 매우 통쾌하게 들어주었다.

tuì 물러날 **퇴**

퇴로 退路(退路) tuìlù

명사 퇴각로. 퇴로. 물러설 자리[여지].
빠져 나갈 구멍.

走到这里，我们已经没有退路了。
여기까지 왔다. 우리는 이미 퇴로가 없다.

퇴색 退色(退色) tuìsè

동사 (천·옷의) 색이[빛이] 바래다. 퇴색하다.
(본래 모습이나 의식 등이) 점차 사라지다.
퇴색하다

这件衣服洗了以后不会退色。
이 옷은 빨고 난 후에도 퇴색되지 않는다.

E

投

tóu 던질 투

투신 投身 tóushēn

동사 (어떤 일에) 투신하다. 헌신하다.

他总是投身于工作。
그는 늘 일에 투신한다.

투자 投资(投資) tóuzī

명사 (기업에 투자하는) 투자(금).

동사 (특정 목적을 위해) 투자하다.

자금을 투입하다. (기업에) 투자하다.

人们都是为了赚钱而投资的。
사람들은 모두 돈을 벌기 위해 투자한다.

투표 投票 tóupiào

동사 투표하다.

我们现在就去投票吧。
우리 지금 가서 투표하자.

투항 投降 tóuxiáng

동사 투항하다. 항복하다.

他们没有办法，只能投降。
그들은 어쩔 수 없이 투항할 수밖에 없었다.

투수 投手 tóushǒu

명사 (야구의) 투수. 피처 (pitcher).

他是一名很好的投手。

그는 매우 훌륭한 투수이다.

tòu 사무칠 투

투명 透明(透明) tòumíng

형용사 투명하다. 공개적이다. 투명하다.

公司政务要有一定的透明度。

회사의 업무는 일정한 투명성을 갖추어야 한다.

E

205

특 te 특별할 특

특별 特别 tèbié

형용사 특별하다. 특이하다.
별다르다. 보통이 아니다.

부사 유달리. 각별히. 특별히. 아주.
특히. 더욱. 더군다나.

衣服的样式很特别。
의상 디자인이 특별하다.

특산 特产(特産) tèchǎn

명사 특산물.

这是我们家乡的特产。
이것은 우리 고향의 특산물이다.

특색 特色 tèsè

명사 특색. 특징.

형용사 독특한. 특별한.

他是一个很有特色的主持人。
그는 매우 특색 있는 진행자이다.

특성 特性 tèxìng

명사 특성.

你知道这种生物的特性吗？
당신은 이런 생물의 특성을 알고 있습니까?

특수 特殊 tèshū

형용사 특수하다. 특별하다.

你能帮我解决这个特殊的问题吗?

당신은 나를 도와서
이 특수한 문제를 해결할 수 있습니까?

특정 特定 tèdìng

형용사 특정한. 특별히 지정한. 일정한.
주어진. 일반과 다른.

特定的家庭环境养成了他的性格。

특정한 가정환경이 그의 성격을 만들었다.

특징 特征(特徵) tèzhēng

명사 특징.

你知道她有什么特征吗?

당신은 그녀가 어떤 특징을 가지고 있는지
알고 있습니까?

主持人 zhǔchírén 〔명사〕 사회자. 진행자. MC.

解决 jiějué 〔동사〕 해결하다. 풀다.

养成 yǎngchéng 〔동사〕 습관이 되다. 길러지다.

pò 깨트릴 **파**

파괴 破坏(破壞) pòhuài

〔동사〕 (건축물 등을) 파괴하다. 훼손시키다.
　　　　손해를 입히다. 손상시키다. 해치다.

你不许破坏公共设施。
너는 공공시설을 훼손해서는 안 된다.

不许 bùxǔ 〔동사〕 허락하지 않다. …해서는 안 된다.
公共设施 gōnggòngshèshī 〔명사〕 공공시설

pài 갈래 **파**

파견 派遣(派遣) pàiqiǎn

[동사] 파견하다.

中国已派遣她作为代表出席这次会议。
중국은 이미 그녀를 대표로 파견해서
이번 회의에 참석시켰다.

파출소 派出所 pàichūsuǒ

[명사] 파출소.

他在派出所里工作。
그는 파출소에서 일한다.

代表 dàibiǎo [명사] 대표. 대표자. [동사] 대표하다. 대신하다. 대리하다.
出席 chūxí [동사] 회의에 참가하다. 참석하다. 출석하다.
会议 huìyì [명사] 회의.
城市 chéngshì [명사] 도시.

pàn 판단할 **판**

판결 判决(判決) pànjué

명사 (법률적인) 판결. 선고.

동사 판결하다. 선고하다. 판단하다. 결정하다.

那个判决是他的律师通知他的。

그 판결은 그의 변호사가 그에게 통지했다.

판단 判断(判斷) pànduàn

명사 판단. 판단력.

동사 판단하다. 판정하다.

你的判断是对的。

너의 판단이 맞다.

律师 lǜshī 〔명사〕 변호사.

通知 tōngzhī 〔동사〕 통지하다. 알리다. 〔명사〕 통지. 통지서. 통고서.

p/ān 치우칠 **편**

比较 bǐjiào 〔부사〕 비교적. 상대적
으로.

편견 偏见(偏見) piānjiàn

명사 편견. 선입견.

你对我有什么偏见吗?
당신은 저에 대해 무슨 편견이 있습니까?

편애 偏爱(偏愛) piān'ài

동사 편애하다.

爸爸比较偏爱我。
아빠는 나를 비교적 편애하신다.

píng 평평할 **평**

평등 平等(平等) píngděng

형용사 평등하다. 대등하다.

现在社会当中，男女的地位是平等的。
현재 사회에서 남녀의 지위는 평등하다.

평안 平安(平安) píng'ān

형용사 평안하다. 편안하다. 무사하다.

希望你一路平安。
당신이 가시는 길이 평안하길 바래요.

평정 平静(平靜) píngjìng

형용사 (마음·환경 등이) 조용하다. 고요하다.
차분하다. 평화롭다. 평온하다.

最近我的心情很平静。
최근 나의 심정이 매우 차분하다.

ㅍ

215

평탄 平坦(平坦) píngtǎn

형용사 (도로·지대 등이) 평평하다. 평탄하다.

这条大路比较平坦。

이 큰 길은 비교적 평탄하다.

社会 shèhuì 〔명사〕 **사회**.

男女 nánnǚ 〔명사〕 **남녀**. 남성과 여성. 남자와 여자.

心情 xīnqíng 〔명사〕 **심정**. 감정. 마음. 기분. 정서.

希望 xīwàng 〔동사〕 (생각하는 것이 실현되기를) **희망**하다. 바라다.

当中 dāngzhōng 〔명사〕 그 가운데. 그 속에.

地位 dìwèi 〔명사〕 (사회적) **지위**. 위치.

大路 dàlù 〔명사〕 **대로**. 큰길. 한길.

bì 닫을 폐

폐막 闭幕(閉幕) bìmù

동사 폐막하다. 막을 내리다. 끝마치다.

你看奥运会的闭幕了吗?

너 올림픽 폐막식 봤니?

奥运会 àoyùnhuì 〔명사〕 올림픽(경기).

bāo 쌀, 꾸러미 **포**

포괄 包括 bāokuò

동사 포함하다. 포괄하다.

我喜欢她的全部，包括缺点。
나는 결점을 포함해서 그녀의 전부를 좋아한다.

포장 包装(包裝) bāozhuāng

명사 포장.

동사 (물건을) 포장하다.

(사람이나 사물을) 포장하다. 잘 꾸미다.

把它包装起来，好吗?
그것을 포장해 주실래요?

포용 包容 bāoróng

동사 포용하다. 너그럽게 감싸다.

夫妻之间要互相体谅和包容。
부부 사이는 서로 이해하고 포용해줘야 한다.

缺点 quēdiǎn 〔명사〕 **결점**. 단점. 부족한 점.

夫妻 fūqī 〔명사〕 부부. 남편과 아내.

之间 zhījiān 〔명사〕 (…의) 사이. **지간**.

互相 hùxiāng 〔부사〕 서로. 상호.

体谅 tǐliàng 〔동사〕 (남의 입장에서) 알아주다. 이해하다. 양해하다.

bào 안을 포

포부 抱负(抱負) bàofù

〔명사〕 포부. 큰 뜻. 웅지.

你有没有什么远大的抱负?
당신은 어떤 원대한 포부가 있습니까?

远大 yuǎndà 〔형용사〕 원대하다.

bào 사나울 폭

폭행 暴行 bàoxíng

〔명사〕 폭행. 잔혹한 행위.

我们不能容忍他的暴行。
우리는 그의 폭행을 용인할 수 없다.

폭력 暴力 bàolì

〔명사〕 폭력.

我十分讨厌暴力行为。
나는 폭력 행위를 아주 싫어한다.

폭로 暴露 bàolù

동사 폭로하다. 드러내다. 표면화하다.

你千万不要暴露自己的身份。
당신은 부디 자신의 신분을 폭로하지 마세요.

폭풍 暴风(暴風) bàofēng

명사 폭풍.

暴风雨开始减弱了。
폭풍우가 약해지기 시작했다.

폭우 暴雨 bàoyǔ

명사 폭우.

天气预报说今天有暴雨。
일기 예보에서 오늘 폭우가 있다고 했다.

ㅍ

容忍 róngrěn 〔동사〕 용인하다. 참고 견디다. 참고 용서하다. 허용하다.

十分 shífēn 〔부사〕 매우. 아주. 대단히. 충분히.

行为 xíngwéi 〔명사〕 행위. 행동. 행실. 하는 짓.

千万 qiānwàn 〔부사〕 부디. 제발. 아무쪼록. 꼭. 절대로. 반드시.

身份 shēnfen 〔명사〕 신분. 지위.

减弱 jiǎnruò 〔동사〕 (힘·기세 능이) 약해지다. 약화되다. 쇠약해지다.

天气预报 tiānqìyùbào 〔명사〕 일기 예보. 기상 예보.

biǎo 겉 **표**

표결 表决(表決) biǎojué

동사 표결하다.

请大家举手表决，好吗?
여러분 거수로 표결해주시겠습니까?

표면 表面 biǎomiàn

명사 표면. 겉. 외관.

看问题不要看表面。
문제를 볼 때, 표면을 보지 마라.

표시 表示 biǎoshì

동사 (언행으로 사상·감정 등을) 나타내다.
　　　표시하다.

他以举手的方式表示同意。
그는 거수의 방식으로 동의를 표시했다.

표현 表现(表現) biǎoxiàn

명사 태도. 품행. 행동. 표현.
동사 나타내다. 표현하다.

他的表现力很丰富。
그의 표현력이 매우 풍부하다.

표정 表情(表情) biǎoqíng

명사 표정.

看他的表情好像不太高兴。
그의 표정을 보아하니 별로 기쁘지 않은 것 같았다.

표명 表明 biǎomíng

동사 분명하게 밝히다. 표명하다.

我已经表明了我方的立场。
나는 이미 우리측의 입장을 표명했다.

举手 jǔshǒu 〔동사〕 손을 들다. **거수**하다.
方式 fāngshì 〔명사〕 **방식**. 방법. 패턴(pattern).
同意 tóngyì 〔동사〕 **동의**하다. 찬성하다. 승인하다. 허락하다.
好像 hǎoxiàng 〔부사〕 마치 …과 같다.
我方 wǒfāng 〔명사〕 **우리** 측(便). 우리 쪽.
立场 lìchǎng 〔명사〕 **입장**. 태도. 관점.

fēng 바람 풍

풍경 风景(風景) fēngjǐng

〔명사〕 풍경. 경치.

这里的风景很有名。

이곳의 풍경은 매우 유명하다.

풍속 风俗(風俗) fēngsú

〔명사〕 풍속.

我们应该尊重他们的风俗习惯。

우리는 그들의 풍속을 존중해야 한다.

各地 gèdì 〔명사〕 각지. 각처. 여러 곳.

应该 yīnggāi 〔동사〕 …해야 한다. …하는 것이 마땅하다.

尊重 zūnzhòng 〔동사〕 존중하다.

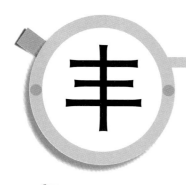

fēng 넉넉할 **풍**

풍만 丰满(豊滿) fēngmǎn

형용사 풍만하다. 포동포동하다.

她的身材很丰满。
그녀의 몸매는 매우 풍만하다.

풍부 丰富(豊富) fēngfù

동사 풍부하게 하다. 풍족하게 하다. 넉넉하게 하다.

형용사 많다. 풍부하다. 넉넉하다. 풍족하다.

在这儿可以学习丰富的知识。
여기에서 풍부한 지식을 학습할 수 있다.

풍성 丰盛(豊盛) fēngshèng

형용사 (음식 등이) 풍성하다. 성대하다. 융숭하다.

她准备了很丰盛的晚餐。
그녀는 매우 풍성한 만찬을 준비했다.

풍족 丰足(豊足) fēngzú

형용사 풍족하다. 넉넉하다.

我们准备的食物很丰足。
우리가 준비한 음식은 매우 풍족했다.

身材 shēncái〔명사〕몸매. 체격. 몸집.

准备 zhǔnbèi〔동사〕준비하다.

食物 shíwù〔명사〕음식물.

知识 zhīshi〔명사〕지식.

晚餐 wǎncān〔명사〕저녁 식사. 만찬.

Ⅱ

fěng 풍자할 **풍**

풍자 **讽刺**(諷刺) fěngcì

동사 풍자. (비유·과장 등의 수법으로) 풍자하다.

假面舞以幽默的内容讽刺统治阶级的政治矛盾。

탈춤은 유머스러운 내용으로 지배계층의 정치 모순을 풍자한다.

假面舞 jiǎmiànwǔ 〔민속〕 탈춤.

以 yǐ 〔개사〕 …(으)로(써). …을(를) 가지고. …을(를) 근거로.

幽默 yōumò 〔형용사〕 유머(humor)러스한.

内容 nèiróng 〔명사〕 내용.

统治 tǒngzhì 〔동사〕 통치하다. 다스리다. 〔명사〕 통치.

阶级 jiējí 〔명사〕 계급.

政治 zhèngzhì 〔명사〕 정치.

矛盾 máodùn 〔명사〕 갈등. 대립. 모순.

被

bèi 입을 **피**

피동 被动(被動) bèidòng

형용사 피동적이다. 수동적이다. 소극적이다.

无论做什么，他一直都很被动。
무엇을 하든지 그는 줄곧 매우 피동적이다.

피고 被告 bèigào

명사 피고. 피고인.

今天被告没有出席。
오늘 피고는 출석하지 않았다.

无论 wúlùn 〔접속사〕…을(를) 막론하고. …에 관계 없이. …든지.
一直 yìzhí 〔부사〕계속. 줄곧.

bì 반드시 **필**

필연 必然 bìrán

명사 필연.

부사 분명히. 반드시. 꼭. 필연적으로.

형용사 필연적이다.

他这么做，必然会受到惩罚。
그가 이렇게 하면, 반드시 징벌을 받게 될 것이다.

필요 必要 bìyào

명사 필요(성).

형용사 필요로 하다. 없어서는 안 되다.

你没有必要这么做。
당신은 이렇게 하실 필요가 없어요.

受到 shòudào 〔동사〕 얻다. 받다. 만나다. 부딪치다.
惩罚 chéngfá 〔명사, 동사〕 징벌(하다).

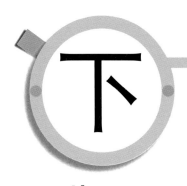

xià 아래 **하**

하강 下降 xiàjiàng

（동사） 하강하다. 내리다. 떨어지다.

这两天气温突然下降了。
요 며칠 기온이 갑자기 떨어졌다.

하급 下级(下級) xiàjí

（명사） 하급 부서. 하급자.

他们是上级和下级的关系。
그들은 상급자와 하급자의 관계이다.

하층 下层(下層) xiàcéng

（명사） 건물의 아래층.

（기구·조직·사회의）기층. 하층.

大楼的下层是停车场。
빌딩의 아래층은 주차장이다.

ㅎ

气温 qìwēn〔명사〕기온.
突然 tūrán〔부사〕갑자기. 돌연히
大楼 dàlóu〔명사〕빌딩. 고층 건물.
停车场 tíngchēchǎng〔명사〕주차장.

学

xué 배울 학

학력 学历(學歷) xuélì

명사 학력.

公司要求要有本科学历。
회사에서 본과 학력이 있어야 한다고 요구한다.

학문 学问(學問) xuéwèn

명사 학식. 지식. 학문.

他的学问非常好。
그의 학문은 굉장히 훌륭하다.

학술 学术(學術) xuéshù

명사 학술.

她的学术成就比我高。
그녀의 학술 성과는 나보다 높다.

학습 学习(學習) xuéxí

명사 학습.

동사 학습하다. 공부하다. 배우다.

你一定要努力学习。
너는 반드시 열심히 공부해야 한다.

학위 学位(學位) xuéwèi

명사 (학사·석사·박사 등의) 학위.

他考取了硕士学位。

그는 석사학위를 취득했다.

要求 yāoqiú 〔동사〕 **요구**하다. 요망하다.

本科 běnkē 〔명사〕 (대학교의) 학부 (과정). **본과**.

成就 chéngjiù 〔명사〕 (사업상의) **성취**. 성과. 업적.

考取 kǎoqǔ 〔동사〕 시험에 합격하여 채용되다.

硕士 shuòshì 〔명사〕 **석사**.

ㅎ

限

xiàn 한할 한

한정 限定 *xiàndìng*

동사 (수량·범위·기한 등을) 한정하다.
규정하다. 제한하다.

我们要限定参赛人数。
우리는 경기에 참가하는 인원수를 제한한다.

한도 限度 *xiàndù*

명사 한도. 한계.

忍让是有限度的。
참는 것도 한도가 있다.

忍让 rěnràng 〔동사〕 참고 양보하다.

陷

xiàn 빠질 **함**

함정 陷阱(陷穽) xiànjǐng

명사 함정. 흉계.

他掉进了陷阱。
그는 함정에 빠졌다.

함락 陷落 xiànluò

동사 (영토 등이) 함락되다. 점령당하다.

那个城池两天就陷落了。
그 성지는 이틀 만에 함락되었다.

함몰 陷没(陷沒) xiànmò

동사 함몰[함락]하다. 빠지다.
떨어지다. 침몰하다.

他家的房子在地震中陷没了。
그 집안의 집은 지진에 함몰되었다.

ㅎ

掉进 diàojìn 〔동사〕 ~에 빠지다.
城池 chéngchí 〔명사〕 도시. 성지.
地震 dìzhèn 〔명사〕 지진.

hé 합할 **합**

합격 合格 hégé

형용사 규격(표준)에 맞다. 합격이다.

我的数学考试合格了。
나의 수학 시험은 합격했다.

합리 合理 hélǐ

형용사 도리에 맞다. 합리적이다.

这是合理的要求。
이것은 합리적인 요구이다.

합법 合法 héfǎ

형용사 법에 맞다. 합법적이다.

这种行为是不合法的。
이런 행위는 불법적인 것이다.

합병 合并(合倂) hébìng

동사 합병하다. 합치다.

这家工厂和别家合并了。
이 공장은 다른 공장과 합병했다.

합자 合资(合資) hézī

〔동사〕 합자하다. 공동으로 출자하다.

我和朋友合资开了一个公司。

나와 친구는 공동 출자해서 회사를 하나 차렸다.

합작 合作 hézuò

〔동사〕 합작하다. 협력하다.

很高兴和贵公司合作。

귀사와 협력하게 되어 매우 기쁩니다.

합성 合成 héchéng

〔동사〕 합성하다. 합쳐 …이 되다.

합쳐 이루어지다.

这是由什么合成的?

이것은 무엇으로 합성된 것입니까?

ㅎ

行为 xíngwéi 〔명사〕 행위. 행동. 행실. 하는 짓.

工厂 gōngchǎng 〔명사〕 공장.

开 kāi 〔동사〕 창립[설립]하다. 개설하다. 설치하다.

由 yóu 〔개사〕 …이[가]. …에서. …(으)로부터.

kàng 겨룰 항

항거 抗拒 kàngjù

〔동사〕 항거하다. 저항하다.

他对妈妈的话很抗拒。
그는 엄마의 말에 매우 저항적이다.

항의 抗议(抗議) kàngyì

〔동사〕 항의하다.

员工在抗议老板的无理要求。
직원은 사장의 무리한 요구에 항의하고 있다.

员工 yuángōng 〔명사〕 직원.

老板 lǎobǎn 〔명사〕 상점 주인. 사장.

无理 wúlǐ 〔형용사〕 이치에 맞지 않다. 도리에 어긋나다. **무리**하다. 억지스럽다. 비합리적이다.

háng 배 항

항공 **航空** hángkōng

[명사] 항공.

[형용사] 항공과 관련 있는. 항공의.

我是航空公司的工作人员。
나는 항공회사의 직원이다.

工作人员 gōngzuòrényuán 〔명사〕 실무자. 관계자.

xiàng 항목 항

항목 **项目**(項目) xiàngmù

[명사] 항목. 종목. 사항. 과제. 프로젝트.

按着项目查点一下儿
항목 순으로 검사해 보다.

按着 ànzhe 〔개사〕 …에 따라. …대로.

jiě 풀 해

해결 解决(解決) jiějué

동사 해결하다. 풀다.

这个问题由我来解决。
이 문제는 제가 해결 할게요.

해동 解冻(解凍) jiědòng

동사 해동하다. 해동되다.
해빙되다. 얼었던 것이 녹다.

先把肉解冻了再做。
먼저 고기를 해동하고 나서 만드세요.

hé 씨 핵

핵심 核心 héxīn

명사 핵심.

你知道问题的核心是什么吗?
당신은 문제의 핵심이 무엇인지 아세요?

行

xíng/háng 다닐 **행**

행렬 行列 hángliè

명사 행렬. 행과 열.

请你到行列里去。
당신은 행렬 속으로 가 주시기 바랍니다.

행사 行使 xíngshǐ

동사 (직권·권력 등을) 행사하다.
집행하다. 부리다.

人民可以行使选举权。
국민은 선거권을 행사할 수 있다.

행위 行为(行爲) xíngwéi

명사 행위. 행동. 행실. 하는 짓.

你要对自己的行为负责。
당신은 자신의 행위에 대해 책임을 져야 한다.

행정 行政 xíngzhèng

명사 행정. 사무.

他在行政机关里工作。
그는 행정 기관에서 일한다.

ㅎ

행동 行动(行動) xíngdòng

명사 행위. 거동. 동작. 행동.

동사 행동하다. 활동하다. 행동을 취하다.

大家开始准备行动。

모두가 행동을 준비하기 시작한다.

人民 rénmín 〔명사〕 인민. 국민.

选举权 xuǎnjǔquán 〔명사〕 (국민의) 선거권.

负责 fùzé 〔동사〕 책임지다.

机关 jīguān 〔명사〕 기관. 〔공공 사무를 처리하는 부서나 조직〕

xìng 다행 행

행복 幸福(幸福) xìngfú

명사 행복.

형용사 행복하다.

我现在的生活很幸福。
나는 지금의 생활이 너무 행복하다.

행운 幸运(幸運) xìngyùn

명사 행운.

형용사 운이 좋다. 행운이다.

我是一个很幸运的人。
나는 매우 운이 좋은 사람이다.

ㅎ

xū 빌 허

허실 虚实(虛實) xūshí

명사 허실. 허와 실. 거짓과 진실.

你知道这件事的虚实吗?
당신은 이 일의 허실을 알고 있습니까?

허구 虚构(虛構) xūgòu

명사 허구. 픽션.

동사 꾸며 내다. 날조하다. 지어내다.

这个故事是虚构的。
이 이야기는 픽션이다.

허심 虚心(虛心) xūxīn

형용사 겸손하다. 겸허하다.
자만하지 않다. 허심하다.

虚心使人进步。
겸손은 사람을 진보하게 한다.

허약 虚弱(虛弱) xūruò

형용사 (몸이) 허약하다. 쇠약하다. 기력이 없다.

她现在的身体很虚弱。
그녀는 현재 신체가 매우 허약하다.

허위 虚伪(虛僞) xūwěi

형용사 허위의. 거짓의. 위선의.

我不喜欢虚伪的人。
나는 위선적인 사람을 좋아하지 않는다.

使 shǐ〔동사〕(…에게)…시키다.…하게 하다.
进步 [jìnbù〔동사〕진보하다.

革

gé 가죽 혁

혁명 革命 géming

명사 혁명.

동사 혁명하다.

형용사 혁명적이다.

他要去参加革命。
그는 혁명에 참가하러 간다.

xiàn 나타날 **현**

현금 现金(現金) xiànjīn

명사 현금.

我今天没带现金。
나는 오늘 현금을 가지고 오지 않았다.

현상 现象(現象) xiànxiàng

명사 현상.

打雷下雨都是自然现象。
번개치고 비가 오는 것은 모두 자연 현상이다.

현실 现实(現實) xiànshí

명사 현실.

형용사 현실적이다.

现实和理想差距很大。
현실과 이상의 차이는 매우 크다.

현임 现任(現任) xiànrèn

명사 현직. 현임.

동사 현재 …을[를] 맡고[담당하고] 있다.

她现任公司经理。
그녀는 현재 회사의 과장직을 담당하고 있다.

현장 现场(現場) xiànchǎng

명사 (사건이나 사고의) 현장. 작업 현장. 현지.

我喜欢去现场看球赛。

나는 현장에 가서 야구 경기를 보는 것을 좋아한다.

현재 现在(現在) xiànzài

명사 지금. 현재. 이제.

她现在正在工作。

그녀는 현재 일을 하고 있다.

打雷 dǎléi 〔동사〕 천둥치다.

理想 lǐxiǎng 〔명사〕 **이상**. 〔형용사〕 이상적이다. 더할 나위 없다. 만족스럽다.

差距 chājù 〔명사〕 격차. 차이. 차. 갭(gap).

ㅎ

xuè 피 혈

경력 **经历** jīnglì 〔동사〕 몸소 겪다. 체험하다. 경험하다. 경과하다.

혈연 **血缘**(血緣) xuèyuán

〔명사〕 혈연. 혈통.

我们有血缘关系。
우리는 혈연관계가 있다.

혈전 **血战**(血戰) xuèzhàn

〔명사〕 혈전. 격전. 결사전.
〔동사〕 혈전을 벌인다.

他们经历一场血战。
그들은 한 차례 혈전을 겪었다.

xié 화합할 협

无效 wúxiào 〔동사〕 효과가 없다. 효력〔소용·효용〕이 없다. 무효이다.
出席 chūxí 〔동사〕 회의에 참가하다. 참석하다. 출석하다.

협의 **协议**(協議) xiéyì

〔명사〕 협의. 합의.　〔동사〕 협의하다. 합의하다.

这份协议是无效的。
이 협의는 무효다.

협회 **协会**(協會) xiéhuì

〔명사〕 협회.

他出席了医学协会。
그는 의학 협회에 출석했다.

形

xíng 모양 형

형상 形象 xíngxiàng

명사 인상. 이미지. 형상. 구체적인 형상.

演员的自身形象很重要。

배우의 이미지는 매우 중요하다.

형성 形成 xíngchéng

동사 형성되다. 이루어지다.

这个仪器形成得很精密。

이 기기는 매우 정밀하게 형성되어 있다.

형세 形势(形勢) xíngshì

명사 정세. 형편. 상황. 지세.

现在经济形势不太好。

현재 경제 정세는 그다지 좋지 않다.

ㅎ

형식 形式 xíngshì

명사 형식. 형태. 형식.

我认为内容比形式更重要。
나는 내용이 형식보다 더 중요하다고 생각한다.

형용 形容 xíngróng

동사 형용하다. 묘사하다.

我不知道怎么形容他。
나는 그를 어떻게 형용해야 할지 모르겠다.

演员 yǎnyuán〔명사〕 배우. 연기자.
自身 zìshēn〔대명사〕 자신. 본인.
仪器 yíqì〔명사〕 측정〔계측〕기.
精密 jīngmì〔형용사〕 정밀하다.
经济 jīngjì〔명사〕 경제.

好

hǎo/hào 좋을 **호**

호감 好感 hǎogǎn

명사 호감. 좋은 감정.

我对她有好感。
나는 그녀에게 호감이 있다.

호기 好奇 hàoqí

형용사 호기심을 갖다.
궁금하게(이상하게) 생각하다.

我对这件事充满了好奇。
나는 이 일에 대해 호기심이 가득하다.

호의 好意 hǎoyì

명사 호의. 선의.

不要辜负父母的好意。
부모님의 호의를 저버리지 마라.

호인 好人 hǎorén

명사 좋은 사람. 호인. 성품이 좋은 사람.

我觉得他是个好人。
나는 그가 좋은 사람이라고 생각한다.

ㅎ

好

호평 好评(好評) hǎopíng

〔명사〕 좋은 평판. 호평.

他受到了同事的好评。
그는 동료의 호평을 받았다.

호한 好汉(好漢) hǎohàn

〔명사〕 사내대장부. 호한. 호걸.

他们都是英雄好汉。
그들은 모두 영웅 호걸이다.

充满 chōngmǎn 〔동사〕 충만하다. 넘치다. 가득 차다.
辜负 gūfù 〔동사〕 (호의 · 기대 · 도움 등을) 헛되게 하다. 저버리다. 어기다.
受到 shòudào 〔동사〕 얻다. 받다. 만나다. 부딪치다.
同事 tóngshì 〔명사〕 동료.
英雄 yīngxióng 〔명사〕 영웅.

háo 호걸 **호**

호방 豪放 háofàng

형용사 호방하다. 호탕하다.

他的性格很豪放。
그의 성격은 매우 호방하다.

호화 豪华(豪華) háohuá

형용사 (생활이) 호화스럽다. 사치스럽다.

房子装修得很豪华。
집을 아주 호화스럽게 고쳤다.

호걸 豪杰(豪傑) háojié

명사 호걸.

她被称为女中豪杰。
그녀는 여중 호걸로 불린다.

ㅎ

性格 xìnggé〔명사〕성격.
装修 zhuāngxiū〔동사〕(가옥을) 장식하고 꾸미다. 인테리어하다.
被称为 bèichēngwéi ~라고 불리다

护 hù 도울 호

호송 护送(護送) hùsòng

동사 호송하다.

他一直护送我到家。
그는 줄곧 나를 집까지 호송해줬다.

호위 护卫(護衛) hùwèi

명사 호위. 보디가드. 경호원.
동사 호위하다. 보호하다.

他是你的护卫吗?
그는 당신의 경호원입니까?

混 hùn 섞을 혼

车祸 chēhuò 〔명사〕 (자동)차 사고.
교통 사고.
交通 jiāotōng 〔명사〕 교통.

혼란 混乱(混亂) hùnluàn

형용사 혼란하다. 문란하다. 어지럽다.

车祸使交通一片混乱。
교통사고는 교통을 혼란하게 한다.

혼합 混合(混合) hùnhé

동사 혼합하다. 함께 섞다. [화학] 혼합하다.

把水和酒混合在一起会怎么样?
물과 술을 혼합하면 어떻게 되나요?

婚

hūn 혼인할 혼

혼례 婚礼(婚禮) hūnlǐ

명사 결혼식. 혼례.

明天我要去参加婚礼。

내일 나는 결혼식에 참석해야 한다.

혼사 婚事 hūnshì

명사 혼사.

你的婚事准备得怎么样了?

당신의 결혼 준비는 어떻습니까?

혼인 婚姻 hūnyīn

명사 혼인. 결혼.

他的婚姻生活很幸福。

그의 결혼 생활은 매우 행복하다.

ㅎ

hū 갑자기 홀

홀시 **忽视**(忽視) hūshì

동사 소홀히 하다. 등한히 하다.
홀시하다. 경시하다.

不要忽视孩子的要求。
아이의 요구를 등한시 하지 마세요.

홀연 **忽然** hūrán

부사 갑자기. 홀연. 별안간. 돌연. 문득. 어느덧.

出租车忽然开了过来。
택시가 갑자기 왔다.

hóng 넓을 홍

홍수 **洪水** hóngshuǐ

명사 큰물. 홍수. 물사태.

洪水把村庄淹没了。
홍수가 마을을 침몰시켰다.

村庄 cūnzhuāng 〔명사〕 마을. 촌락. 부락. 시골.
淹没 yānmò 〔동사〕 (큰물에) 잠기다. 수몰되다. 침몰되다.

和

hé 화목할 화

화해 和解 héjiě

동사 화해하다. 화의하다.

他来找你和解。
그가 화해하러 널 찾아올 거야.

화목 和睦 hémù

형용사 화목하다. 사이가 좋다.

家庭和睦很重要。
가정의 화목은 매우 중요하다.

祸

huò 재앙 화

화근 祸根(禍根) huògēn

명사 화근.

我们要除掉这个祸根。
우리는 이 화근을 제거해야 한다.

ㅎ

除掉 chúdiào 〔동사〕 제거하다. 없애 버리다.

huà 말씀 화

화제 话题(話題) huàtí

명사 화제. 논제. 이야기의 주제.

今天的话题是什么?
오늘의 화제는 무엇입니까?

huá 빛날 화

화려 华丽(華麗) huálì

형용사 화려하다. 아름답다.

这套服装很华丽。
이 의상은 매우 화려하다.

服装 fúzhuāng (명사) 복장. 의류. 의상. 의복.

kuò 넓힐 **확**

확대 扩大(擴大) kuòdà

동사 (범위나 규모를) 확대하다. 넓히다. 키우다.

这个城市的面积扩大了。

이 도시의 면적을 확대했다.

확산 扩散(擴散) kuòsàn

동사 확산하다. 퍼뜨리다.

不要让这个消息继续扩散下去。

이 소식이 계속해서 퍼져나가지 않도록 해라.

확장 扩张(擴張) kuòzhāng

동사 (세력·영토 따위를) 확장하다. 넓히다.

(혈관이) 확장되다. 팽창되다. 늘어나다.

我们要向海外扩张。

우리는 해외로 확장해야 한다.

ㅎ

面积 miànjī〔명사〕면적.

继续 jìxù〔동사〕계속하다. 끊임없이 하다.〔명사〕연속. 계속.

que 굳을 확

확보 确保(確保) quèbǎo

동사 확보하다. 확실히 보장하다.

确保物证不要丢失。
물증을 확보하면 분실해서는 안 됩니다.

확신 确信(確信) quèxìn

동사 확신하다. 조금도 의심하지 않다.

我确信你一定能成功。
나는 당신이 반드시 성공할 수 있다고 확신한다.

확실 确实(確實) quèshí

부사 절대로. 정말로. 확실히. 틀림없이. 영락없이.
형용사 확실하다. 믿을 만하다.

他确实很有能力。
그는 확실히 능력이 있다.

확인 确认(確認) quèrèn

동사 (사실이나 원칙 등을) 명확히 인정하다.
　　　확인하다.

请您确认一下。
당신이 확인 한번 해 주시기 바랍니다.

확정 确定(確定) quèding

동사 확정하다. 확실히 결정을 내리다.

형용사 확정적이다. 확고하다.

婚礼日期还没确定。

결혼날짜를 아직 확정하지 않았다.

확증 确证(確證) quèzhèng

명사 확실한 증거. 확증.

동사 확증하다. 확실히 증명하다.

他默认了这些确证。

그는 이 확증들을 묵인했다.

ㅎ

物证 wùzhèng 〔명사〕 물증. 물질적 증거.

丢失 diūshī 〔동사〕 잃다. 잃어버리다. 분실하다.

成功 chénggōng 〔동사〕 성공하다. 이루다. 〔명사〕 성공

默认 mòrèn 〔동사〕 묵인하다.

huán 고리 **환**

환경 环境(環境) huánjìng

명사 환경. 주위 상황.

周围的环境怎么样?
주위의 환경은 어때요?

周围 zhōuwéi 〔명사〕 주위. 주변.

huàn 근심 **환**

환자 患者(患者) huànzhě

명사 환자. 병자.

他对患者进行了急救处理。
그는 환자에게 응급 처치를 했다.

进行 jìnxíng 〔동사〕 진행하다.
急救 jíjiù 〔동사〕 응급 처치(치료)를 하다. 구급 치료를 하다.
处理 chǔlǐ 〔동사〕 처리하다. (사물을) 안배하다. (문제를) 해결하다.

huān 기쁠 환

환락 欢乐(歡樂) huānlè

형용사 즐겁다. 유쾌하다.

她每天都过得很欢乐。
그녀는 매일 즐겁게 지낸다.

환송 欢送(歡送) huānsòng

동사 환송하다.

大家一起欢送他。
모두가 함께 그를 환송했다.

환영 欢迎(歡迎) huānyíng

동사 환영하다. 기쁘게 맞이하다(영접하다).
　　　즐겁게(기꺼이) 받아들이다. 환영받다.

欢迎大家来我家玩儿。
여러분이 우리 집에 놀러 오는 걸 환영합니다.

ㅎ

huó 살 활

활력 活力 huólì

명사 활력. 생기. 원기. 활기.

她充满了活力。
그녀는 생기가 넘친다.

활발 活泼(活潑) huópo

형용사 활발하다. 활달하다. 활기차다.
생동감이 있다.

她的性格很活泼。
그녀의 성격은 매우 활발하다.

활동 活动(活動) huódòng

명사 활동. 운동. 행사.

동사 (몸을) 움직이다. 운동하다.

明天大家一定要准时来参加活动。
내일 모두들 반드시 제 때에 활동에 참가해야 한다.

准时 zhǔnshí 〔부사〕 정시에. 제때에.

huáng 누를 **황**

황금 黄金(黃金) huángjīn

명사 황금.

现在是旅游的黄金季节。
현재는 여행의 황금계절이다.

季节 jìjié 〔명사〕계절. 철. 절기.

huāng 거칠 **황**

황당 荒唐 huāngtáng

형용사 황당하다. 터무니없다.

这件事有点荒唐。
이 일은 좀 황당하다.

ㅎ

huáng 임금 황

황제 皇帝 huángdì

〔명사〕 황제.

他是历史上在位时间最长的皇帝。
그는 역사상 재위기간이 가장 길었던 황제이다.

황후 皇后 huánghòu

〔명사〕 황후.

其实皇后的权利也很大。
사실 황후의 권리도 매우 크다.

权利 quánlì 〔명사〕 권리.

huì / kuài 모일 **회**

회계 会计(會計) kuàijì

명사 회계. 경리.

她是一名会计。
그녀는 경리이다.

회원 会员(會員) huìyuán

명사 회원. 멤버.

我是这个俱乐部的会员。
나는 이 클럽의 회원입니다.

회의 会议(會議) huìyì

명사 회의.

今天有一个重要的会议。
오늘 중요한 회의가 하나 있다.

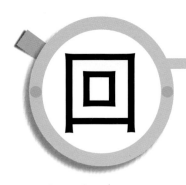

huí 돌아올 회

회고 回顾(回顧) huígù

동사 뒤돌아보다. 고개를 돌려서 보다.

회고하다. 회상하다.

돌이켜보다. 되돌아보다.

我经常回顾我的童年生活。

나는 나의 어린 시절 생활을 자주 회상한다.

회귀 回归(回歸) huíguī

동사 회귀하다. (원래의 곳으로) 되돌아가다.

终于回归故乡了。

마침내 고향으로 되돌아갔다.

회상 回想 huíxiǎng

동사 회상하다.

你再回想一下事情的经过。

당신은 일의 경과를 다시 잘 회상해 보세요.

회수 回收 huíshōu

동사 (폐품이나 오래 된 물건을) 회수하다.

회수하여 이용하다. (내보낸 물건을) 되찾다.

他们回收旧家具。

그들은 오래된 가구를 회수했다.

회신 回信 huíxìn

명사 회신. 답신. 답장. 답변. 대답. 회답.

동사 회신하다. 답신하다. 답장하다.

你收到回信了吗?

당신은 답장을 받으셨습니까?

회피 回避(回避) huíbì

동사 회피하다. 피하다. 비켜가다.

需要我们回避吗?

우리가 자리를 피해드릴까요?

经常 jīngcháng 〔부사〕 언제나. 늘. 항상. 자주. 종종.

童年 tóngnián 〔명사〕 동년. 어린 시절. 어릴 적. 아동 시기. 유년.

终于 zhōngyú 〔부사〕 마침내. 결국. 끝내.

经过 jīngguò 〔동사〕 경유하다. 통과하다. 지나다. 거치다. 〔명사〕 (일의) 과정. 경위. 자초지종.

家具 jiājù 〔명사〕 가구.

需要 xūyào 〔동사〕 필요하다. 요구되다.

huī 넓을 회

회복 恢复(恢復) huīfù

[동사] 회복하다. 회복되다. 회복시키다.

他的身体恢复得不错。
그녀의 몸은 잘 회복되고 있다.

huò 얻을 획

획득 获得(獲得) huòdé

[동사] 얻다. 취득하다. 획득하다. 손에 넣다.

他获得了丰厚的奖金。
그는 두둑한 장려금을 얻었다.

丰厚 fēnghòu 〔형용사〕두텁다. 두툼하다. 두둑하다. 넉넉하다.

奖金 jiǎngjīn 〔명사〕상금. 상여금. 장려금. 포상금. 보너스.

xiào 본받을 **효**

효과 效果 xiàoguǒ

명사 효과.

这个药的效果很好。

이 약의 효과는 좋다.

효능 效能 xiàonéng

명사 효능. 효과. 효율.

请说明一下泡菜的效能

김치의 효능을 설명하세요.

효율 效率 xiàolǜ

명사 (기계·전기 등의) 효율. (작업 등의) 능률.

他办事的效率很高。

그가 일을 처리하는 효율이 매우 높다.

说明 shuōmíng 〔동사〕 설명하다. 해설하다.

办事 bànshì 〔동사〕 일을 처리하다. 일을 보다. 사무(업무)를 보다.

ㅎ

xiào 효도 **효**

효자 **孝子** xiàozǐ

[명사] 효자.

大家都称赞他是个孝子。
모두들 그가 효자라고 칭찬했다.

효심 **孝心** xiàoxīn

[명사] 효심. 효성스러운 마음.

我们应该对老人尽孝心。
우리는 노인분들께 효심을 다해야 한다.

称赞 chēngzàn 〔동사〕 칭찬하다. 찬양하다.
尽 jìn 〔동사〕 다하다.

hòu 뒤 후

후대 后代(後代) hòudài

명사 후대. 후세. 후대(후세) 사람. 후손. 자손.

我希望我的后代都能幸福。

나는 나의 후대가 모두 행복할 수 있기를 바란다.

후면 后面(後面) hòumiàn

명사 뒤. 뒤쪽. 뒷면. 뒷부분. 이후. 다음. 나중.

我在你的后面呢。

나는 네 뒤에 있는데.

후환 后患(後患) hòuhuàn

명사 후환. 뒤탈. 뒷걱정.

他的决定给大家带来了很多后患。

그의 결정이 모두에게 많은 뒤탈을 가져왔다.

ㅎ

후회 **后悔**(後悔) hòuhuǐ

동사 후회하다. 뉘우치다.

决定之前想清楚，以免以后后悔。
나중에 후회하지 않도록
결정하기 전에 분명하게 생각해라.

决定 juédìng 〔동사〕 결정〔결심 · 결의 · 의결〕하다.

带来 dàilái 〔동사〕 가져오다. 가져다 주다. 일으키다. 야기하다. 초래하다. 자아내다.

以免 yǐmiǎn 〔접속사〕 …하지 않도록. …않기 위해서.

以后 yǐhòu 〔명사〕 이후. 금후. 앞으로.

xùn 가르칠 훈

훈련 训练(訓練) xùnliàn

[동사] 훈련하다. 훈련시키다.

他正在操场上训练。
그는 지금 운동장에서 훈련하고 있다.

xiū 쉴 휴

휴식 休息 xiūxi

[동사] 휴식(휴양)하다. 휴식을 취하다. 쉬다

累了就去休息一会儿吧。
피곤하면 가서 좀 쉬어.

ㅎ

hēi 검을 **흑**

흑백 黑白 hēibái

명사 검은 것과 흰 것. 흑백.

시비. 선악. 흑백.

只有黑白照片吗?

흑백사진만 있는거니?

흑인 黑人 hēirén

명사 흑인. 흑색 인종.

那个黑人孩子和大家玩儿得很开心。

그 흑인 아이는 모두와 즐겁게 놀았다.

XĪ 마실 **흡**

흡수 吸收 xīshōu

〔동사〕 섭취하다. 흡수하다. 빨아들이다. 흡입하다.

植物的根从土壤中吸收水分。
식물의 뿌리는 땅 속에서 수분을 흡수한다.

흡인 吸引 xīyǐn

〔동사〕 흡인하다. 빨아당기다〔빨아들이다〕. 잡아끌다.
끌어당기다. 유인하다. 매료〔매혹〕 시키다.

他们的表演吸引了很多观众。
그들의 공연은 많은 관중을 매혹시켰다.

흡연 吸烟(吸煙) xīyān

〔동사〕 담배를 피다. 흡연하다.

这里禁止吸烟。
여기서는 흡연 금지입니다.

ㅎ

植物 zhíwù 〔명사〕 **식물**.
根 gēn 〔명사〕 (∼儿) 뿌리. 근본. 근원.
土壤 tǔrǎng 〔명사〕 **토양**. 흙.
水分 shuǐfèn 〔명사〕 **수분**. 물기.
表演 biǎoyǎn 〔동사〕 공연하다. 연기하다. 〔명사〕 공연. 연기
观众 guānzhòng 〔명사〕 **관중**. 구경꾼. 시청자.
禁止 jìnzhǐ 〔동사〕 **금지**하다. 불허하다.

XĪ 희생 희

희생 牺牲(犧牲) xīshēng

명사 희생. 옛날 제물용 가축.

형용사 (어떤 사람〔일〕을 위해) 대가를 치르다.

희생하다. 손해를 보다.

(정의를 위해) 희생하다. 자기 목숨을 버리다.

他为了国家牺牲了个人利益。

그는 국가를 위해 개인의 이익을 희생했다.

为了 wèile 〔개사〕…을〔를〕 하기 위하여.

国家 guójiā 〔명사〕 국가. 나라.

个人 gèrén 〔명사〕 개인.

利益 lìyì 〔명사〕 이익. 이득.

Memo

Memo

Memo

김미숙

現) 롱차이나 중국어 대표, 시대에듀 HSK, 중국어 관광통역안내사 강사
前) 중국 산동대학 위해 캠퍼스 객원 교수

『50일 만에 끝내는 중국어 관광통역안내사 2차 면접』, 『40일 완성 날로 먹는 중국어』,
『착 붙는 新HSK 실전 모의고사 2급 · 3급』, 『하오빵 新HSK 실전 모의고사 2급』, 『롱롱 新HSK 1급 실전 모의고사』,
『날로 먹는 중국어 어휘편(상)』, 『중국어는 섹시해』, 『날로 먹는 중국어 관용어편』, 『날로 먹는 중국어 여행중국어』,
『확 꽂히는 중국어 1600구』, 『성어 때문에 울지 마라』, 『작업의 정석 HSK』 외 다수.

전기쁨

북경 제2외국어 대학교 졸업.
현 롱차이나 대표강사, 다수 기업체 출강.

초판 1쇄 발행 2016년 5월 6일
초판 2쇄 발행 2021년 2월 5일

지은이	김미숙 · 전기쁨
발행자	김흥국
펴낸곳	도서출판 **문** (등록 제2013-000026호)
주 소	경기도 파주시 회동길 337-15 2층
전 화	031-955-9797, 02-922-2246(영업부)
팩 스	02-922-6990
ISBN	979-11-86167-14-4 14720
	979-11-86167-12-0 (세트)
정 가	14,000원

ⓒ김미숙 · 전기쁨, 2016

* 이 책의 판권은 지은이에게 있습니다.
  지은이의 서면 동의가 없는 무단 전재 및 복제를 금합니다.
* 잘못된 책은 바꾸어 드립니다.